Don Miguel Ruiz Jr.

ERMÄCHTIGE DEIN SELBST

Don Miguel Ruiz Jr.

ERMÄCHTIGE DEIN SELBST

Altes und verloren geglaubtes Wissen,
das dich zu deiner
persönlichen Freiheit führt

Wichtige Hinweise

Die im Buch veröffentlichten Empfehlungen wurden von Verfasser und Verlag sorgfältig erarbeitet und geprüft. Eine Garantie kann dennoch nicht übernommen werden. Ebenso ist die Haftung des Verfassers bzw. des Verlages und seiner Beauftragten für Personen-, Sach- und Vermögensschäden ausgeschlossen.

Auch wenn eine gendergerechte Sprache wünschenswert ist, gibt es aus Sicht des Verlages bisher keine befriedigende, gut lesbare Lösung. Der leichteren Lesbarkeit zuliebe haben wir des Öfteren von der Doppelung männlicher und weiblicher Formen Abstand genommen. Selbstverständlich liegt es uns fern, dadurch einen Teil der Bevölkerung zu diskriminieren.

Aus dem Englischen von
Antoinette Gittinger

Titel der Originalausgabe:
The Mastery of Self. A Toltec Guide to Personal Freedom.

Hierophant Publishing, San Antonio, TX 78209
www.hierophantpublishing.com

Deutsche Ausgabe:

www.next-level-verlag.de

Lektorat: Gitta Lingen; Layout: Birgit-Inga Weber
Cover: Guter Punkt, München,
unter Verwendung eines Bildmotivs von Nicholas Wilton
Innenillustrationen: pixabay.com
(S. 6 und S. 166/167: Mystic Art Design;
S. 2/3 und S. 8/9: Gordon Johnson; S. 7: loulou Nash;
S. 19 u.a., S. 43 u.a., S. 62 u.a.: OpenClipart-Vectors)
Gesamtherstellung: Bernhard Keller
Druck: GGP Media GmbH, Pößneck
ISBN 978-3-949458-21-7

Für alle, die ich liebe

Emanzipiert euch von der mentalen Sklaverei.
Nur wir selbst können unseren Geist befreien.

Bob Marley (aus: »Redemption Song«)

Ein Augenblick der Klarheit ohne jegliches
Handeln ist wie ein flüchtiger Gedanke.
Aber ein Augenblick der Klarheit,
dem Handeln folgt, ist ein entscheidender
Moment in unserem Leben.

Don Miguel Ruiz Jr.

Inhalt

Eine Botschaft des Verlegers: Wie dieses Buch entstanden ist

»Erkenne dich selbst ...«

So lautete die berühmte Inschrift am Eingang des Apollontempels, der Stätte des Orakels von Delphi, der wohl berühmtesten Frau des antiken Griechenland. Die Geschichte berichtet uns, dass jährlich Abertausende von Menschen – Könige, Königinnen, Staatsmänner, Philosophen und einfache Leute – Hunderte von Meilen und mehr zurücklegten, um die Weissagung der Prophetin zu empfangen. Der Tempel selbst, ein hoch aufragendes Gebäude, übte in den mittleren Jahrhunderten des ersten Jahrtausends v.u.Z. seinen größten Einfluss aus. Damals galt er als bedeutendstes religiöses Heiligtum in ganz Griechenland.

Selbst mithilfe unserer heutigen ausgefeilten Maschinen und modernen Technologie wäre der Bau eines derart massiven Tempels nach wie vor ein großes Unterfangen. Moderne Architekten bewundern die Intelligenz, das handwerkliche Können und die große Mühe, die für den Bau des Tempels aufgewandt wurden.

Ich jedoch finde es faszinierender, dass von all den Inschriften, die für den Eingang hätten gewählt werden können, die kurze und bündige Maxime »Erkenne dich selbst« ausgesucht wurde. Vielleicht wollte das Orakel sicher sein, dass die Pilger wenigstens die Botschaft »Erkenne dich selbst« von ihrer Reise in Erinnerung behielten. Und ich frage mich oft, wie die Welt heutzutage aussehen würde, wenn einige unserer modernen Glaubenslehren diese Selbsterkenntnis, das höchste Ziel des spirituellen Weges, vermitteln würden anstelle von blindem Festhalten an der Führung von außen und an irgendwelchen Dogmen.

Kurze Zeit, nachdem das Orakel keine so große Bedeutung mehr hatte, kam auf der anderen Seite der Welt eine Gruppe von Menschen zusammen, um im heutigen südlichen Zentralmexiko eine neue Zivilisation ins Leben zu rufen. Diese Menschen nannten sich Tolteken, was »Künstler« bedeutet. Doch sie waren keine Künstler im traditionellen Sinn (obwohl auch Maler und Bildhauer unter ihnen waren); sie sahen sich selbst vielmehr als Lebenskünstler und die Welt, in der wir leben, als die Leinwand, auf die sie ihr Meisterwerk malten. Das Vermächtnis der Tolteken und ihre Lehren wurden von einer Generation an die nächste überliefert, häufig im Geheimen, wenn die politischen Umstände der Zeit es erforderten. Don Miguel Ruiz Jr. ist der letzte Lehrer der Eagle-Knight-Linie der Tolteken.

Als Miguel mir vorschlug, ein Buch über Selbst-Meisterung zu schreiben, dachte ich unwillkürlich an das Orakel von Delphi und an die 2500 Jahre zurückliegende Maxime, sich selbst zu erkennen. Ich fragte mich, wie dieser weise Rat in den Rahmen seiner toltekischen Vorfahren passte. Es freut mich, sagen zu können, dass das Buch, das Sie jetzt in Händen halten, genau dies übermittelt – und noch viel mehr. Miguel präsentiert alte Weisheiten auf moderne Art und hilft uns, diese zeitlose Wahrheit des »Erkenne dich selbst« in unseren Alltag einzuflechten.

In den einleitenden Kapiteln schafft Miguel die Grundlagen für das Buch und erstellt einen Rahmen, der auf seiner toltekischen Tradition basiert. Er erklärt, wie die Ereignisse und Handlungen Ihrer Vergangenheit Ihre derzeitige Realität geformt haben. In den folgenden Kapiteln geht er in die Tiefe, vermittelt Ihnen die erforderlichen Tools, damit Sie herausfinden, wer Sie in Ihrem tiefsten Inneren wirklich sind. Er vermittelt Ihnen, wie Sie jegliche selbstbeschränkenden Glaubenssätze entlarven können, die Sie fälschlich als Fakten akzeptiert haben, und wie Sie jegliche Bindungen bzw. Anhaftungen, an denen Sie festhalten und die Sie ständig herunterziehen, loslassen können. Die späteren Kapitel helfen Ihnen, einen neuen Kurs einzuschlagen und dorthin zu gehen, wohin Sie wirklich wollen. Für einige von Ihnen wird sich dieser Ort vielleicht als ein völlig anderer erweisen als der, den Sie im Augenblick anstreben.

Miguel hat mir gegenüber bei vielen Gelegenheiten betont, dass es nicht ausreiche, die Informationen auf diesen Seiten lediglich zu lesen. Erst wenn Sie bereit sind, die Erkenntnisse in Ihr Leben zu integrieren, genießen Sie die Vorteile. Zu diesem Zweck hat er am Ende vieler Kapitel Übungen eingefügt, die Ihnen dabei helfen sollen, genau das zu tun.

Kehren wir einen Moment lang in die Welt der Griechen zurück: Wir können sagen, dass sich die Übungen darum drehen, wie Logos (Erkenntnis) in Praxis umgesetzt wird – oder, wie Miguel schreibt: »Die Lehre zu verstehen, ist der erste Schritt, aber sie umzusetzen, lässt Sie zum Meister werden.«

Mit großer Freude präsentiere ich Ihnen also *»Ermächtige dein Selbst«* von Don Miguel Ruiz Jr. Möge es Ihnen bei Ihrer Reise zur Selbsterkenntnis bestens dienen.

Randy Davila
Verleger
Hierophant Publishing

Erklärung von Schlüsselbegriffen

Anhaftung: Der Vorgang, sich etwas, das nicht zu einem gehört, durch emotionale oder energetische Investition zu eigen zu machen. Man kann eine starke Bindung zu fremden Gegenständen, Glaubenssätzen und Ideen aufbauen und sogar zu Rollen, die man in der Welt spielt.

Authentisches Selbst: Das Göttliche in Ihnen; die Kraft, die Ihren Geist (engl. *mind**) und Ihren Körper mit Leben erfüllt. Es ähnelt der Vorstellung des Geistes (engl. *spirit**) oder der Seele, die man in vielen religiösen Traditionen findet, ist aber nicht genau das Gleiche.

Domestizierung: Das primäre Kontrollsystem im Traum des Planeten. Schon von jung auf haben wir entweder eine Belohnung oder eine Bestrafung zu erwarten, wenn wir die Überzeugungen und Verhaltensweisen übernehmen, die andere für akzeptabel halten. Wenn wir diese Überzeugungen und Verhaltensweisen als Ergebnis von Belohnung oder Bestrafung annehmen, können wir sagen, wir sind domestiziert worden.

Erzähler: Die Stimmen in Ihrem Kopf, die den ganzen Tag zu Ihnen sprechen; sie können entweder positiv (Verbündeter) oder negativ (Parasit) sein.

Parasit: Die Stimme des Erzählers, wenn sie sich Ihrer durch Domestizierung und Anhaftung geformten Glaubenssätze bedient. Sie tut dies, um Macht über Sie auszuüben, indem sie Bedingungen an Ihre Selbstliebe und Selbstakzeptanz knüpft. Diese negative Stimme verursacht Traurigkeit, Angst und Furcht.

Persönlicher Traum: Die von jedem Individuum geschaffene einzigartige Realität; Ihre persönliche Perspektive. Sie ist die Manifestation der Beziehung zwischen Ihrem Geist (engl. *mind**) und Ihrem Körper.

Tolteken: Eine alte Gruppe von Indianern, die sich in Süd- und Zentralmexiko zusammengetan haben, um sich mit der Wahrnehmung zu befassen. Das Wort »Tolteke« bedeutet »Künstler«.

Toltekischer Krieger: Jemand, der sich verpflichtet, die Lehren der Tolteken dazu zu nutzen, den inneren Kampf gegen die Domestizierung und Anhaftung zu gewinnen.

Traum des Planeten: Die Kombination jedes einzelnen Wesens im Persönlichen Traum der Welt oder aber der Welt, in der wir leben.

Verbündeter: Die Stimme Ihres inneren Erzählers, wenn sie Sie dazu inspiriert, zu leben, zu schaffen und bedingungslos zu lieben. Der Verbündete kann auch konstruktive Selbstgespräche bieten.

Wahrnehmung: Die Praxis, zum gegenwärtigen Zeitpunkt die Aufmerksamkeit auf das zu richten, was sich in Ihrem Körper und Ihrem Geist (engl. *mind**) sowie in Ihrer unmittelbaren Umgebung abspielt.

* Anm. dt. Red.: Die in der englischen Originalausgabe verwendeten Begriffe *»mind«* und *»spirit«* werden hier hinzugefügt, weil es gilt, die unterschiedlichen Bedeutungen des deutschen Polysems »Geist« zu differenzieren. An den meisten Stellen in diesem Buch wird der Begriff »Geist« im Sinne von *»mind«* (dt. auch *Verstand, Intellekt, Gedanken, Denkweise, Gedächtnis, Ansicht, Meinung, »Kopf« etc.*) gebraucht. Den englischen Begriff *»spirit«* geben wir zugunsten der Unterscheidung als »Geist-Spirit« wieder.

Einleitung

Stellen Sie sich einen Moment lang vor, Sie würden träumen. In diesem Traum befinden Sie sich mit Tausenden von Menschen auf einer Riesenparty, und Sie sind die einzige nüchterne Person unter lauter Betrunkenen. Alle anderen Feiernden befinden sich in unterschiedlichen Stadien der Trunkenheit. Einige haben erst einen oder zwei Drinks zu sich genommen und sind nur leicht beschwipst. Die meisten sind jedoch bereits volltrunken und einige sogar so sehr, dass sie sich auf allerlei ungewöhnliche Weise zur Schau stellen. Sie haben womöglich sogar einen kompletten Blackout, denn ihr Verhalten scheint völlig außer Kontrolle geraten zu sein.

Einige der Partygäste zählen zu Ihren Freunden, Verwandten und Bekannten, aber die meisten sind Ihnen fremd. Sie versuchen, mit einigen von ihnen ins Gespräch zu kommen, aber Sie merken schnell, dass ihr Alkoholpegel ihre Fähigkeit, sich klar auszudrücken, verändert und ihre Wahrnehmung vernebelt hat. Sie stellen auch fest, dass jeder Gast die Party unterschiedlich wahrnimmt, je nach Grad der Betrunkenheit, und die Interaktionen verändern sich mit jedem Drink, den die Gäste zu sich nehmen.

Die Stimmung der Partybesucher reicht von extrovertiert, laut und fröhlich bis hin zu schüchtern, ruhig und missmutig. Im Lauf der Party beobachten Sie, wie jeder von ihnen zwischen zwei Polen des Stimmungsspektrums schwankt: von glücklich bis traurig, von aufgedreht bis apathisch. Die Gäste streiten sich und versöhnen sich wieder, sie diskutieren, akzeptieren einander und diskutieren dann erneut. Wie Sie beobachten, wiederholt sich dieses seltsame Verhalten unaufhörlich die ganze Nacht hindurch. Obwohl die Leute betrunken sind, stellen Sie fest, dass sie weniger nach dem Alkohol gieren als nach dem Drama der Party.

Im Lauf der Nacht variieren Ihre Interaktionen mit den Partygängern von Person zu Person. Einige sind erfreulich, aber andere bergen das Potenzial, schnell explosiv zu werden. Weil ihre Wahrnehmung getrübt ist, reagieren die übrigen Partygäste emotional auf Situationen, die Ihrer Wahrnehmung nach reine Fantasie sind. Für einige von ihnen artet der Traum in einen Albtraum aus. Am wichtigsten ist jedoch, dass offensichtlich keiner auf dieser Party weiß, dies ist lediglich ein Traum.

Nun stellen Sie fest, dass es sich hier nicht um eine neue Party handelt, sondern um eine, an der Sie zuvor teilgenommen haben. An einem bestimmten Punkt waren Sie genauso wie die anderen. Sie durchliefen all die verschiedenen Phasen des Rausches und verhielten sich genauso wie jetzt die Leute um Sie herum: Sie unterhielten sich durch den Nebel der Betrunkenheit, schlossen sich dem tollen Partytreiben an und ließen Ihr Verhalten von der (Alkohol-)Vergiftung bestimmen.

Schließlich wird Ihnen klar, keiner der Partyteilnehmer erkennt, dass Sie jetzt nüchtern sind. Alle nehmen an, Sie seien, genau wie sie selbst, immer noch betrunken; sie sehen nicht Ihren Weg, sondern nur ihren eigenen; sie sehen Sie lediglich als eine Art Zerrbild, das ihnen ihr durch den Alkohol benebeltes Gehirn vorgaukelt, und nehmen Sie nicht so wahr, wie Sie jetzt wirklich sind; sie sind auch völlig ahnungslos, welche Auswirkung der Alkohol auf sie hat. Jeder und jede ist in den eigenen Traum von der Party versunken. Sie erkennen nicht, dass sie ihre Interaktionen nicht mehr unter Kontrolle haben. Deshalb versuchen sie andauernd, Sie dazu zu verleiten, sich dem Drama der Party anzuschließen, sich an dem Taumel zu beteiligen, den ihre verzerrte Wahrnehmung erzeugt hat.

Was werden Sie tun?

1

WIE MAN MEISTERSCHAFT ERLANGT

Auf dem Höhepunkt ihrer Reise versuchen toltekische Krieger und Kriegerinnen, ihren Kopf von Glaubenssätzen, Domestizierung und Anhaftungen freizubekommen. Damit setzen sie ihrem inneren Kampf um persönliche Freiheit ein Ende. Sie sind mit einer endlosen Zahl von Möglichkeiten konfrontiert, von denen jede einzelne in eine einzigartige Richtung in ihrem Leben weist. Wenn sie ihre Wahl in Form ihrer Handlung treffen, wissen sie, dass der Weg, den sie verfolgen, sich letztlich nicht von den anderen Wegen unterscheidet, da alle zu demselben Ort führen. Sie stellen keine Forderungen im Hinblick auf ein Ergebnis, da sie erkennen, dass sie nirgendwohin gehen und auch nichts tun müssen, um sich selbst zu finden. Ihr Handeln ist die Folge reiner Freude über die Erkenntnis, dass sie in diesem Moment am Leben sind, um eine der vielen Möglichkeiten auszuwählen. Dieses Leben mit ruhigem Gemüt erzeugt in ihnen einen Zustand reiner Glückseligkeit, da sie voll und ganz im Moment leben. In Wahrheit spielt nichts eine Rolle außer der Gegenwart, denn allein in ihr kann sich das Leben entfalten.

Diesen Zustand haben viele von Ihnen irgendwann in ihrem Leben erfahren, als sie völlig auf die Gegenwart fokussiert waren. Einige Menschen erleben ihn, während sie Sport treiben, bewusst kreativ sind, sich in der Natur aufhalten, ins Liebesspiel involviert sind oder – natürlich – wenn sie meditieren oder beten. In diesem Augenblick sind sich Geist und Körper völlig der Erfahrung des Lebens bewusst. Man kann sagen, in solchen Augenblicken erreichen wir häufig einen reinen Zustand bedingungsloser Liebe für alles und jeden, uns selbst eingeschlossen.

Während das immerwährende Verharren in diesem Zustand reiner Glückseligkeit für viele ein Ziel darstellt, werden mir die meisten zustimmen, dass dies leichter gesagt als getan ist – vor allem, wenn wir nicht isoliert von der Welt leben. Inmitten anderer Menschen entscheiden wir uns, mit wem wir interagieren und auf wen wir uns einlassen wollen, und häufig beginnt mit diesen Interaktionen der Ärger.

In der toltekischen Tradition besteht die Hauptaufgabe des Geistes im Träumen oder in der Wahrnehmung und Projektion von Informationen. Der Persönliche Traum ist die einzigartige Realität, die von jedem Individuum geschaffen wird; er ist die Perspektive des Einzelnen, eine Manifestation des Verhältnisses zwischen Geist und Körper. Die Intention ist die Energie, die beides, Geist und Körper, belebt. Wenn sich unser gemeinsames Wissen und unsere Erfahrung vermischen, kokreieren wir den Traum des Planeten, der die Kombination von jedem einzelnen Wesen im Persönlichen Traum der Welt ist. Während wir individuelle Träume haben, die auf unserer jeweils individuellen Wahrnehmung basieren, stellt der Traum des Planeten unsere gemeinsamen Intentionen dar, wobei wir unseren Überzeugungen und Vereinbarungen erlauben, sich untereinander auszutauschen. Ist der Persönliche Traum harmonisch, dann besteht eine dauerhafte Chance, dass auch der Traum des Planeten von Harmonie geprägt ist.

Da Sie dieses Buch lesen, ist nicht anzunehmen, dass Sie in klösterlicher Abgeschiedenheit oder in einem Ashram leben oder allein weit oben auf einem Berg. Sie haben sich für ein Leben in der Welt entschieden und wollen dabei Freude haben. Einsamkeit kann ein großartiges Instrument der Heilung und der Verbundenheit mit sich selbst sein, aber letztlich ermöglichen es uns unsere Interaktionen mit anderen Menschen, ein gutes, aktives Leben zu führen. Wenn das Leben ein einziger Karneval ist, müssen Sie sich in den Reigen einreihen.

Aber wenn Sie sich auf den Traum einlassen, bedeutet dies, dass Sie vermutlich Vorlieben für bestimmte potenzielle Wege entwickeln werden – mit anderen Worten: Sie werden Bedürfnisse und Wünsche haben. Wenn Sie zu sehr an diesen Wünschen hängen und sie nicht erfüllt werden, ist das Resultat, dass Sie leiden. Es gibt auch noch Milliarden andere, die in das Kokreieren des Traums des Planeten eingebunden sind. Viele von ihnen haben Bedürfnisse und Wünsche, die sich von den Ihren unterscheiden. Ohne Respekt und Verständnis füreinander sind Dramen, Unstimmigkeiten und sogar Konflikte vorprogrammiert.

Dies wirft die Frage auf: Kann man ein aktives Leben führen, ohne allzu sehr den eigenen persönlichen Vorlieben verhaftet zu sein? Können Sie im Umgang mit anderen ruhig und ausgeglichen bleiben, wenn Sie mit ihnen zu tun haben, und diese sowie sich selbst mit dem Blick bedingungsloser Liebe betrachten, also bei dem Drama der Party außen vor bleiben? Nach meiner Erfahrung lautet die Antwort auf beide Fragen »Ja«, und genau das ist das Thema dieses Buches. Dieser Zustand kann durch den Vorgang der sogenannten *Selbst-Meisterung* erreicht werden.

Sie werden zu einem Meister bzw. einer Meisterin des Selbst, wenn Sie den Traum des Planeten und jeden, der darin vorkommt, mit einbeziehen können, und zwar, ohne dabei Ihr Authentisches Selbst aus dem Blick zu verlieren, wobei Sie sich stets bewusst sind, dass jede Wahl, die Sie treffen, Ihre eigene ist. Sie sind dann nicht länger in das Drama der Party verwickelt. Wenn Sie sich mit dem Traum des Planeten verbinden und dabei das Bewusstsein und die Erinnerung aufrechterhalten, dass es nur ein Traum ist, können Sie sich frei bewegen, losgelöst von den Ketten der Anhaftung und der Domestizierung.

Eine Anhaftung entsteht, wenn Sie etwas nehmen, das kein Teil von Ihnen ist, und es durch emotionale bzw. energetische Beteiligung zu einem Teil von Ihnen selbst machen. Wenn Sie im Traum des Planeten an etwas gebunden sind, leiden Sie, sooft der Gegenstand Ihrer Anhaftung bedroht ist, und dies ist wahr, ungeachtet dessen, ob die Bedrohung real oder fiktiv ist.

Die meisten Menschen hängen nicht nur an ihren Bedürfnissen und Wünschen hinsichtlich materieller Dinge, sondern sie hängen auch an ihren Glaubenssätzen, Überzeugungen und Ideen. Obwohl eine starke Bindung ganz natürlich in einem Augenblick entstehen kann, wird sie ungesund, wenn man die Fähigkeit verliert, sich nach Ablauf dieses Augenblicks oder dann, wenn der Glaubenssatz nicht mehr die

Wahrheit reflektiert, davon zu lösen. In vielerlei Hinsicht ist die Anhaftung an Glaubenssätze weitaus destruktiver als jene an äußere Dinge, denn es ist viel schwieriger, Glaubenssätze und Überzeugungen wahrzunehmen und loszulassen.

Die Domestizierung ist das Kontrollsystem im Traum des Planeten; sie stellt die Art und Weise dar, wie wir an Bedingungen geknüpfte Liebe erlernen. Schon in sehr jungen Jahren werden wir entweder belohnt oder bestraft, wenn wir in dem Traum die Vorstellungen und Verhaltensweisen anderer übernehmen. Mit diesem System von Belohnung oder Bestrafung bzw. der Domestizierung wird unser Verhalten kontrolliert.

Das Ergebnis der Domestizierung besteht darin, dass viele von uns aufhören, sie selbst zu sein, und zwar im Austausch gegen die Vorstellung, wer wir sein sollten. Die Folge ist, dass wir ein Leben führen, das nicht unseres ist. Ein Merkmal von Meistern des Selbst ist es, zu lernen, unsere Domestizierung zu erkennen, sie loszulassen und unser wahres Selbst zurückzugewinnen.

Wenn Sie von einem Glaubenssatz oder einer Überzeugung derart domestiziert oder gebunden werden, dass Sie nicht loslassen können, verengen sich Ihre Optionen so sehr, bis jegliche Vorstellung von einer Wahlfreiheit nur noch eine Illusion ist. Sie werden jetzt von Ihren Glaubenssätzen definiert, und diese diktieren Ihre Wahl. Sie sind nicht länger der Meister oder die Meisterin Ihres eigenen Selbst, denn Ihre Domestizierung und Ihre Anhaftungen kontrollieren Sie. Folglich lassen Sie sich auf andere sowie auf sich selbst auf eine Weise ein, die nicht Ihrem höchsten Wohl dienlich ist. Sie haben sich zu dem Party-Drama gesellt, das jetzt Ihren Persönlichen Traum formt.

Der Traum des Planeten ist voller Fallgruben, um Sie wieder in das Drama der Party zu locken. Von einem Augenblick zum anderen können Sie in eine von ihnen hineingeraten. Wenn Sie die Wahl treffen, sich auf die Welt einzulassen, ist es praktisch unmöglich, allen Fallgruben aus dem Weg zu gehen. Falls Sie jedoch bemerken, dass Sie in eine geraten, ermöglicht Ihnen bereits der Akt des bloßen Erkennens, die Kontrolle zurückzugewinnen. Indem Sie gewiefter darin werden, die Fallgruben zu entdecken und Ihre eigenen unterschwelligen Emotionen und Überzeugungen besser zu verstehen, die sich für Sie überhaupt erst als Fallgruben erweisen, so ist die Wahrscheinlichkeit, dass Sie hineintappen, bei Weitem geringer. Und selbst wenn es Ihnen passieren sollte, können Sie, so schnell Sie wollen, all das loslassen, woran auch immer Sie sich gebunden fühlen. Es mag kontraintuitiv erscheinen, aber *Sie entscheiden sich dafür, loszulassen, um die Kontrolle zu behalten*. Dies ist Selbst-Meisterung in Aktion.

Als Meister bzw. Meisterin des Selbst können Sie Beziehungen zu anderen haben, selbst zu jenen, die nicht mit Ihnen übereinstimmen, wobei Sie nach wie vor in Ihrem Authentischen Selbst wurzeln. Sie können Ihren freien Willen behaupten und gleichzeitig den der anderen respektieren. Das Wissen, dass andere Sie auf eine bestimmte Weise sehen, eröffnet Ihnen Wahlmöglichkeiten, wenn Sie sich auf diese Menschen einlassen. Sie verändern Ihre Form lediglich in deren Wahrnehmung, und da Sie sich dessen bewusst sind, können Sie sich selbst treu bleiben, ohne der Versuchung nachzugeben, die Definitionen anderer darüber, wer Sie (angeblich) sind, zu übernehmen. Sie erkennen, dass Sie das Bild, das andere Ihnen aufdrücken, nicht zu übernehmen brauchen, denn Sie wissen, dass es nicht Ihre Realität ist. Aufgrund dieser Wahrnehmung können Sie besser harmonisch mit anderen kokreieren und somit die Beziehungen, die Ihnen am meisten am Herzen liegen, erfüllender und bereichernder gestalten.

Wenn Sie ein Meister bzw. eine Meisterin Ihres Selbst werden, ist es am wichtigsten, dass Sie es verstehen, in Ihrem Authentischen Selbst verwurzelt zu bleiben, ungeachtet dessen, was um Sie herum geschieht. Sie verfügen auch über die Wahrnehmung, schnell zu erkennen, ob Sie auf eine Weise handeln, die weder Ihnen noch anderen von Nutzen ist. Diese Situationen können Sie daran erkennen, dass Sie Ihr Ego oder ein falsches Selbstgefühl nähren, statt in Frieden zu leben. Dadurch befreien Sie sich von dem Drama und dem selbst auferlegten Leid, das von so vielen Menschen verursacht wird.

Ohne die Erkenntnis, wie Sie sich auf den Traum des Planeten und die Menschen, die ihn träumen, einlassen können, ist es viel zu einfach, zu verinnerlichen, was um Sie herum geschieht, oder zu vergessen, dass alles nur ein Traum ist. Die Folge ist, dass Ihre Anhaftungen zunehmen, bis Sie vom Drama der Party verzehrt werden. Ein Meister bzw. eine Meisterin des Selbst zu werden, heißt, die Wahrnehmung Ihrer Mitte aufrechtzuerhalten, während Sie mit dem Traum des Planeten interagieren, und sich daran zu erinnern, dass alles nur ein Traum ist. In der eigenen Mitte zu bleiben, während man sich auf die Welt einlässt, ist viel leichter gesagt als getan. Dieses Buch dient dem Ziel, Sie genau das zu lehren.

Selbst-Meisterung ist keine isolierte Vorstellung innerhalb der toltekischen Tradition, da jede Art spiritueller Disziplin einen Plan bietet, der uns hilft, innerhalb des Traums des Planeten in Harmonie zu leben, indem wir unseren Geist von der Tyrannei unseres eigenen Denkens und dem Einfluss der Projektionen anderer befreien. Die toltekische Tradition bietet einige einmalige Beiträge zu diesen Bemühungen, die wir auf den folgenden Seiten ausführlicher besprechen werden.

Bevor wir die Welt um uns herum dekonstruieren und wieder aufbauen, indem wir bei uns selbst beginnen, benötigen wir ein intensiveres Verständnis von Anhaftungen und Domestizierung sowie vom Unterschied zwischen bedingter und bedingungsloser Liebe. Dann – erst dann – können wir unseren Persönlichen Traum in Frieden und Harmonie wiederherstellen.

2

UNSERE DOMESTIZIERUNG UND UNSERE ANHAFTUNGEN VERSTEHEN

In meiner Familie wird eine alte toltekische Geschichte über einen Schamanen, der sich selbst Smoky Mirror nannte, von Generation zu Generation weitererzählt. Der Schamane gab sich diesen Namen, als er des Rauchs gewahr wurde, der nicht nur seine eigene Sicht trübte und seinen Willen kontrollierte, sondern das Gleiche auch bei allen Menschen bewirkte, die ihn umgaben. Es wird hilfreich sein, die Geschichte von Smoky Mirror wiederzugeben, bevor wir beginnen, tiefer in die Beherrschung des Selbst einzudringen.

Nach vielen Jahren intensiven Studiums erfährt ein Schamane in einem Augenblick großer Einsicht die Wahrheit: »Ich bin aus Licht gemacht, aus Sternen. Unser wahres Ich ist reine Liebe, reines Licht«, sagt er. Wenn er sich in seinem Dorf umblickt, weiß er, dass jeder und alles, was er sieht, eine Manifestation Gottes ist. Intuitiv begreift er, dass die menschliche Reise einen Prozess darstellt, in dessen Verlauf das Göttliche sich seiner selbst bewusst wird.

Berührt von dieser Erkenntnis, möchte der Schamane sie sofort mit jedem in seinem Dorf teilen. Doch als er dies tut, wird ihm klar, dass es außer ihm niemand versteht. Der Schamane erkennt, dass zwischen ihm und den anderen ein rauchiger Nebel schwebt, der verhindert, dass die Menschen über ihre eigene Nasenspitze hinaussehen. Der Nebel kontrolliert jede ihrer Handlungen, jede ihrer Überzeugungen.

Der Schamane bemerkt auch, dass der Nebel erneut Kontrolle über ihn gewinnen möchte, während er mit anderen Menschen interagiert. Aber sobald er realisiert, dass sich der Nebel erneut einschleicht, löst sich dieser durch den einfachen Akt der Wahrnehmung auf. Als sich der Nebel verzieht, bemerkt er einen Spiegel vor sich und kann verschwommen sein Spiegelbild erkennen. Nachdem sich der Nebel völlig aufgelöst hat, kann er sich wieder ungetrübt sehen.

Der Schamane ist sich dessen bewusst, dass er die Wahrheit ist und das Spiegelbild eine Erinnerungsstütze darstellt: Es spiegelt nur die Wahrheit wider. Er versteht allmählich, dass das Spiegelbild ein Instrument der Wahrnehmung ist.

Sooft der Nebel erneut aufzieht und ihn davon abhält, zu erkennen, wer er wirklich ist, kann er in den Spiegel schauen. Wenn dieser trübe ist oder er sich nicht sehen kann, weiß er, dass er auf der falschen Spur ist, gefangen im Nebel. Aber sobald er sich an sein Authentisches Selbst erinnert, löst sich der Nebel sofort auf. Um sich daran zu erinnern, wer er wirklich ist, und um die Macht des Nebels, seine Wahrnehmung zu trüben, nicht zu vergessen, ändert der Schamane seinen Namen in Smoky Mirror.

Diese beeindruckende Geschichte enthält eine Kernlehre der toltekischen Tradition meiner Familie. Der Nebel stellt unsere starken Bindungen bzw. Anhaftungen und unsere Domestizierung dar, die uns davon abhalten, unser wahres Selbst zu erkennen.

Domestizierung

Lassen Sie mich anhand einer einfachen Geschichte erklären, was man unter Domestizierung versteht.

Stellen Sie sich einen acht- oder neunjährigen Jungen vor, der mit seiner Großmutter, die eine Suppe zubereitet hat, zu Mittag isst. Sie sitzen zusammen und unterhalten sich, genießen die Gesellschaft des anderen und die Liebe zueinander.

Nachdem das Kind die Hälfte der Suppe gegessen hat, stellt es fest, dass es satt ist. »Oma, den Rest möchte ich nicht mehr. Ich bin satt.«

»Mein Lieber, du musst deine Suppe aufessen«, erwidert sie.

Ob Sie Kinder haben oder nicht, Sie werden verstehen, was die Großmutter dieses Jungen zu tun versucht. Ihre Absichten sind löblich: Sie möchte, dass er isst, um gut genährt zu sein. Weil er sich weigert, versucht sie, ihn zu überzeugen, mehr zu essen, indem sie ihm eine Belohnung dafür anbietet. Das ist das erste Tool der Domestizierung.

»Du musst deine Suppe aufessen«, beharrt sie. »Dann wirst du groß und stark wie Superman.«

Aber der Junge lässt sich nicht beirren. »Nein, ich habe keinen Hunger mehr«, beharrt er. »Ich will jetzt nichts mehr essen.«

Abgesehen davon, dass er keinen Hunger mehr hat, genießt der Junge das Gefühl, sich zu behaupten, denn es fühlt sich großartig an, Nein zu sagen und seinen freien Willen zu äußern. Dasselbe Gefühl von Macht empfindet er auch, wenn er Ja zu den Dingen sagt, die er wirklich will. Auf diese Weise erfahren Kinder (auch wir, als wir noch klein waren) die Macht der Intention, indem sie Ja oder Nein sagen.

Schließlich verliert die Großmutter die Geduld. Und als sie mit dem Zuckerbrot keinen Erfolg hat, greift sie zur Peitsche, um dem Jungen ihren Willen aufzuzwingen. Wie viele Großeltern und deren Eltern zuvor missachtet sie seine Entscheidung und fügt noch eine Bestrafung hinzu – im vorliegenden Fall Schuldgefühle und Scham, das zweite Tool der Domestizierung.

»Weißt du, wie viele Kinder auf der Welt nichts zu essen haben? Sie verhungern! Und du verschwendest dein Essen. Es ist eine Sünde, Essen zu verschwenden!«

Der Junge ist jetzt bestürzt. Er will nicht den Eindruck erwecken, egoistisch zu sein, und er möchte in den Augen seiner Großmutter nicht als Sünder dastehen. Resigniert gibt er nach und unterwirft sich ihrem Willen. »Okay, Oma, ich esse die Suppe auf.«

Er löffelt wieder seine Suppe, bis der Teller leer ist. Dann sagt die Großmutter mit der Zärtlichkeit, die ihrem Enkel Sicherheit und Liebe vermittelt: »So ist's brav, mein Junge.«

Der Junge lernt, dass er eine Belohnung erhaschen kann, wenn er sich den Regeln des Traums unterwirft. In diesem Fall ist er in den Augen seiner Großmutter ein guter Junge und es wird ihm ihre Liebe und ihr Zuspruch zuteil. Die Bestrafung wäre gewesen, dass er in ihren Augen als egoistisches Kind, als Sünder und böser Junge gegolten hätte.

Dies ist ein einfaches Beispiel für Domestizierung in Aktion. Niemand zweifelt daran, dass die Großmutter die besten Absichten verfolgt; sie liebt ihren Enkel und möchte, dass er seine Suppe aufisst, aber die Methode, derer sie sich bedient, um dieses Ziel zu erreichen, hat unbeabsichtigt negative Folgen. Immer wenn Schuldgefühle und Scham als Tools eingesetzt werden, um ein bestimmtes Handeln zu provozieren, widerspricht dies allem Guten, das erreicht wurde. Schließlich werden diese negativen Elemente auf die eine oder andere Weise wieder auftauchen.

Stellen wir uns in diesem Fall Folgendes vor: Während dieser Junge heranwächst, ist die Domestizierung, die im Zusammenhang mit dem beschriebenen Problem erfolgte, so stark, dass sie ihn bis in sein Erwachsenenalter prägt. Viele Jahre später besucht er zum Beispiel ein Restaurant, wo man ihm eine große Portion Essen serviert. Als er die Hälfte verzehrt hat, signalisiert ihm sein Körper die Wahrheit des Augenblicks: *Ich bin satt.*

Bewusst oder unbewusst hört er eine Stimme: *Es ist eine Sünde, Essen zu vergeuden.*

Bewusst oder unbewusst antwortet er: *Ja, Oma,* und fährt fort zu essen. Indem er wie ein braver Junge seinen Teller leer isst, reagiert er auf seine Domestizierung statt auf seine augenblicklichen Bedürfnisse. Indem er weiterisst, obwohl ihm sein Körper bereits signalisiert hat, dass er satt ist, handelt er völlig gegen sich. Diese Überzeugung ist so stark, dass sie das natürliche Bedürfnis seines Körpers, mit dem Essen aufzuhören, zurückweist. Zu viel zu essen, schadet wahrscheinlich seinem Körper, was in diesem Fall eine der negativen Folgen der Verwendung von Schuldgefühlen und Scham als Werkzeuge darstellt. Die andere Folge ist, dass er innerlich leidet, indem er einen vergangenen Moment der Schuld und Scham wieder aufleben lässt, der sein Handeln in der Gegenwart kontrolliert.

Beachten Sie schließlich, dass seine Großmutter in der gegenwärtigen Situation nicht einmal anwesend ist, da er nun selbst die Zügel der Domestizierung ergriffen und seinen eigenen Willen ohne jeglichen fremden Einfluss bezwungen hat.

In der toltektischen Tradition bezeichnen wir dieses Phänomen als Selbstdomestizierung. Wie mein Vater zu sagen pflegt: »Menschen sind die einzigen Tiere auf diesem Planeten, die sich selbst domestizieren.«

Die Beziehung zwischen dem Jungen und seiner Großmutter bildet einen Teil des Traums des Planeten. Die Mahlzeit der Großmutter mit ihrem Enkel ist ein grundlegendes Beispiel dafür, wie Domestizierung und Selbstdomestizierung innerhalb des Traums ablaufen. Die Großmutter domestizierte ihren Enkel in jenem Augenblick, aber er führte diese Domestizierung in Form der Selbstdomestizierung lange danach fort. Die Selbstdomestizierung ist der Akt, dass wir uns selbst akzeptieren unter der Bedingung, die Ideale zu erfüllen, die wir von anderen im Traum des Planeten übernommen haben, ohne auch nur zu überlegen, ob wir diesen Idealen wirklich gerecht werden wollen.

Während die Folgen davon, einen Suppenteller leer zu löffeln, minimal sind, können Domestizierung und Selbstdomestizierung weitaus ernstere und düsterere Formen annehmen. Viele von uns lernten zum Beispiel, im Hinblick auf unser Äußeres kritisch zu sein, da es gemäß den gesellschaftlichen Normen nicht »gut genug« sei. Man ließ uns glauben, wir seien nicht groß genug oder schlank genug oder wir hätten nicht die richtige Hautfarbe. In dem Augenblick, in dem wir dem zustimmten, begannen wir mit der Selbstdomestizierung. Da wir fremde Überzeugungen übernahmen, lehnten wir unser Äußeres entweder ab oder versuchten es zu verändern, sodass wir uns unserer eigenen Selbstakzeptanz und der Akzeptanz anderer für würdig erachten konnten. Stellen Sie sich einen Augenblick lang die vielen Industriezweige vor, die aufhören würden zu existieren, wenn wir unseren Körper genauso lieben würden, wie er ist.

Um es deutlich auszudrücken: Die Domestizierung hinsichtlich des Körperbilds hat nichts mit dem Gewichtsverlust aus gesundheitlichen Gründen oder dem Wunsch zu tun, ein bestimmtes Aussehen zu haben. Der wesentliche Unterschied besteht darin: Bei der Vorliebe für eine bestimmte Art des Aussehens gehen Sie von Selbstliebe und Selbstakzeptanz aus, doch bei der Domestizierung kommen Sie von Scham, Schuldgefühlen und dem Gefühl her, nicht gut genug zu sein. Manchmal kann die Trennlinie zwischen den beiden Sichtweisen dünn sein, aber ein Meister des Selbst kann in sich hineinhören und sein eigentliches Motiv ergründen.

Eine weitere verbreitete Form der Domestizierung im aktuellen Traum des Planeten dreht sich um die Gesellschaftsschicht und um materiellen Besitz. Von der Gesellschaft wird die unterschwellige Vorstellung verbreitet, dass jene, die am meisten »Kohle« besitzen oder eine gewisse Position bekleiden, irgendwie bedeutender seien als die Übrigen. Ich bin allerdings noch nie jemandem begegnet, der bedeutender gewesen wäre als andere, denn wir sind alle schöne und einmalige Kreationen des Göttlichen. Und doch verfolgen viele Menschen Karrieren, die sie nicht mögen, und kaufen Dinge, die sie nicht wirklich wollen oder benötigen. Das geschieht in dem Bestreben, die schwer fassbaren Ziele der Gruppen- und Selbstakzeptanz zu erreichen. Solche Fälle (und wir können uns noch viele andere vorstellen) stellen die Möglichkeiten dar, bei denen die Domestizierung zu Selbstdomestizierung führt. Das Ergebnis ist, dass Menschen ein Leben führen, das nicht wirklich ihres ist.

Ich möchte gerne von einem engen Freund berichten, der auf diese Weise domestiziert wurde, und wie er es schaffte, sich davon zu befreien. Bereits in jungen Jahren wurde mein Freund von seiner Familie angehalten, Jurist zu werden. Man erzählte dem Jungen Geschichten von Geld und Macht und redete ihm ein, er besitze alle erforderlichen Fähigkeiten, um bei diesem Bestreben erfolgreich zu sein. Mit der Unterstützung seiner Familie belegte mein Freund auf dem College Vorbereitungskurse für ein Jurastudium und schrieb sich dann in der juristischen Fakultät ein. Aber schon bald stellte er fest, dass er nicht als Anwalt würde praktizieren wollen. Rückblickend erkannte er, dass er für die Überzeugung domestiziert worden war, er wäre als Anwalt reich und mächtig und – vor allem – etwas Besonderes in den Augen seiner Familie. Doch die Wahrheit lautete: Indem er diesen Weg einschlug, erfüllte er den Traum seiner Familie anstatt seinen eigenen.

Als er seiner Familie verkündete, dass er sein Jurastudium aufgeben würde, waren viele Angehörige enttäuscht und versuchten verzweifelt, ihn umzustimmen, aber er widerstand, indem er seinem eigenen Wunsch vertraute. Das liegt schon viele Jahre zurück. Wenn er sich heute an seine früheren Pläne erinnert, amüsiert er sich; heute ist er mit seinem jetzigen Beruf als Autor und spiritueller Lehrer sehr glücklich.

Dieses Beispiel macht deutlich, wie Überzeugungen, die uns als Kinder oder Jugendliche eingeimpft wurden, häufig nicht den von uns gewollten Weg widerspiegeln. Doch auch Sie haben, genau wie mein Freund, die innere Kraft, sich von jeglicher Domestizierung, die Sie erfahren haben, zu lösen. Als Erstes müssen Sie sich dieser Domestizierung bewusst werden und herausfinden, was für Sie gilt.

Schließlich möchte ich eines klarstellen: Obwohl ich den Fokus auf die negativen Aspekte der Domestizierung gerichtet habe, ist zu beachten, dass nicht jede Form der Domestizierung negative Folgen hat. Mit anderen Worten: Allein die Tatsache, dass Ihnen eine Überzeugung mittels Domestizierung vermittelt wurde, bedeutet nicht, dass sie schlecht ist und Sie sie ablehnen müssen. Wenn sie im Einklang mit Ihren echten Vorlieben im Leben steht – wunderbar! Hätte sich mein Freund zum Beispiel für die Juristerei erwärmen können, hätte es keinen Grund für ihn gegeben, seine Berufspläne zu ändern. Wenn Sie mit klarem Verstand für sich selbst entscheiden, dass eine bestimmte Überzeugung oder ein Glaubenssatz richtig für Sie ist, dann ist es durchaus in Ordnung, daran festzuhalten. Wichtig ist, dass Sie eine bewusste Wahl treffen.

Anhaftung

Anhaftung im eigentlichen Sinne beginnt mit weltlichen Gegenständen. Sie können es bei Kindern von etwa zwei Jahren beobachten, wenn sie beginnen, Dinge, die in ihrem Besitz sind, als »meins« zu erklären. Wer je versucht hat, ein zweijähriges Kind dazu zu bewegen, sich von einem Spielzeug zu trennen, kann bestätigen, wie stark die Macht der Bindung ist. Auch wenn hier die starke Bindung an Gegenstände ihren Anfang nimmt, endet sie keinesfalls hier, da unsere schädlicheren Anhaftungen oft gerade die unsichtbaren sind, nämlich jene an unsere eigenen Ideen, Überzeugungen, Meinungen und Glaubenssätze.

In meinem Buch *»Fünf Stufen in die Freiheit«* definiere ich den Begriff »Anhaftung« ausführlich und biete einen Maßstab für die unterschiedlichen Grade der Bindung an eigene Glaubenssätze, Überzeugungen und Meinungen. Zum besseren Verständnis von Anhaftung und ihrem Zusammenhang mit der Selbst-Meisterung möchte ich eine verkürzte Version einer in diesem Buch aufgeführten bekannten Geschichte erwähnen. Sie veranschaulicht, wie Anhaftung schnell ungesund werden kann und Leid in unser Leben bringt, falls wir nicht wachsam sind.

Angenommen, Sie lieben Fußball. Sie feuern kein bestimmtes Team und keinen speziellen Spieler an, und es spielt auch keine Rolle, ob das Spiel in einem großartigen Stadion oder auf einem dreckigen Fußballplatz stattfindet. Für einen Fan, der einfach das Spiel sehen will, ist beides in Ordnung. Die Spieler könnten großartig oder mittelmäßig sein, es würde Sie nicht kümmern, solange jeder der Spieler Spaß am Spiel hat. Während Sie sich das Spiel ansehen, feuern Sie gewöhnlich weder die eine noch die andere Seite an. Und selbst wenn Sie mit einem bestimmten Team mitfiebern, tun Sie es mit wenig emotionalem Engagement – gerade genug, um das Spiel aufregender zu machen. Folglich hat der Ausgang des Spiels, egal, welche Mannschaft gewinnt, nichts mit Ihnen persönlich zu tun, da Sie das Anfeuern eines Teams nicht zu einem Teil Ihrer Identität gemacht haben. In dem Moment, in dem der Schiedsrichter das Spiel abpfeift, lassen Sie es – ungeachtet dessen, welches Team gewinnt oder verliert – einfach hinter sich. Sie verlassen das Stadion, freuen sich, ein gutes Spiel gesehen zu haben, und setzen Ihr Leben fort wie bisher.

Wenn Sie sich auf diese Weise ein Spiel ansehen, genießen Sie einfach einen Augenblick ohne Anhaftung an das Ergebnis. Sie haben die reinste Form der Freude erlebt, die von Ihrem Wunsch herrührt, das Spiel um des Spiels willen zu erleben oder das Leben ohne Bedingungen. Während des gesamten Vorgangs behielten Sie Ihre persönliche Freiheit, da das Ergebnis des Spiels Ihr Leben in keiner Weise beeinflusst hat.

Bleiben wir bei dieser Analogie und stellen uns vor, dass Sie Fußball lieben, aber ein bekennender Fan eines speziellen Teams sind, dessen Farben eine emotionale Saite in Ihnen zum Klingen bringen. Wenn der Schiedsrichter das Spiel abpfeift, berührt Sie der Endstand auf einer emotionalen Ebene. Sie sind in Hochstimmung, wenn Ihr Team gewinnt, und enttäuscht, wenn es verliert.

Ihre Anhaftung an Ihre Mannschaft wirkt sich außerhalb des Stadions auf Ihr persönliches Leben aus, da Sie sich in der Welt als ein Fan Ihres Teams bewegen. Verliert Ihr Team, erleben Sie möglicherweise einen schlechten Tag im Job, geraten mit jemandem in Streit über die Frage, was oder wer für das verlorene Spiel verantwortlich ist, oder sind niedergeschlagen trotz all der vielen positiven Ereignisse um Sie herum. Wie auch immer die Auswirkung sein mag: Sie haben zugelassen, dass Ihre Anhaftung an ein bestimmtes Ergebnis Ihre Person verändert hat. Ihre Anhaftung an den Fußball färbt auf eine Umgebung ab, die nichts damit zu tun hat.

Wenn diese Anhaftung ungeprüft bleibt, wird sie stärker und noch fester verwurzelt, und zwar so lange, bis diese Geschichte von Sieg und Niederlage Ihres Lieblingsteams zu Ihrer Geschichte wird. Die Leistung Ihres Teams wirkt sich auf Ihr Selbstwertgefühl aus. Nachdem Sie die Statistik studiert haben, rügen Sie die Spieler Ihrer Mannschaft, weil sie »uns« schlecht aussehen lassen. Wenn das gegnerische Team gewinnt, werden Sie wütend, weil es »Sie« geschlagen hat. Sie haben das Spiel nicht nur mit sich nach Hause gebracht, sondern es auch völlig als einen Teil Ihrer Identität integriert und sie damit durch Ihre Vorstellung davon geformt, was es heißt, ein »echter« Fan zu sein.

Obwohl das Fußballteam in Wirklichkeit nichts mit Ihnen zu tun hat, hängt Ihr Selbstgefühl von dessen Erfolg oder Misserfolg ab, da Sie beschlossen haben, sich damit zu identifizieren. Ihr Leben und Ihre Anhaftung an dieses Team sind so stark verflochten, dass Sie die beiden nicht länger voneinander trennen können, und Sie glauben, dass jeder, der Ihre Meinung über dieses Team nicht teilt, falsch liege. Sie könnten sogar damit beginnen, die Loyalität gegenüber diesem Team zu einer Bedingung für die Beziehung anderer Leute zu Ihnen zu machen.

Sollten Sie Schwierigkeiten haben, etwas mit dieser Sport-Analogie anzufangen, werden Ihnen vielleicht die folgenden beiden Beispiele aus dem realen Leben helfen.

Am Ende einer Fußballsaison in Europa stieg ein namhafter Club nach einem entscheidenden verlorenen Spiel in die Zweite Liga ab. Ein Fan, der diese Niederlage miterlebt hatte, ging nach Hause und erhängte sich. Ihm erschien das Leben nicht mehr lebenswert, nachdem sein Team nicht mehr in der Premier League spielte. Im zweiten Fall war ein Busfahrer, ein Fan des Verliererteams, so aufgebracht über eine bestimmte Niederlage, dass er seinen Bus in eine Menschengruppe lenkte, die das Trikot des Gewinnerteams trug; vier Menschen starben, weil sie die »falschen« Farben trugen. Die Anhaftung dieses Mannes an sein Team war so stark, dass er dafür sogar tötete. Diese beiden Männer hatten längst den Spaß daran verloren, das Fußballspiel um des Spiels willen anzuschauen.

Zum Glück sind Mord und Suizid wegen der Niederlage eines Fußballteams eine Seltenheit. Aber bei Themen wie Religion, Politik, Geld, Sex und Macht sind die negativen Auswirkungen weitaus zahlreicher. Wenn Sie eine Anhaftung an einen Gegenstand, eine Überzeugung oder eine Idee entwickeln, machen Sie ihn oder sie zu einem Teil dessen, wer Sie zu sein glauben. Doch wenn der Nebel Sie umfängt, ist Ihre Sicht getrübt. Sie sehen nicht länger die Menschlichkeit eines Individuums, das nicht derselben Meinung ist wie Sie, sondern können lediglich die Personifizierung einer Überzeugung sehen, der Sie sich widersetzen.

Solange Ihr Spiegel klar ist, können Sie das Göttliche in jedem erkennen. Sie können sich in eine beliebige Kirche, Synagoge, Moschee, in einen Tempel oder einen Trommlerkreis begeben und die Liebe und Gnade Gottes finden und fühlen. Doch für jene, die sich im Nebel verirrt haben, ist Gott einfach nur der Fokus der Andacht, auf die die Religion ausgerichtet ist. Mit anderen Worten: Die Glaubenssätze und

Rituale der Religion sind dann viel wichtiger als die Erfahrung Gottes im gegenwärtigen Moment. Das ist die Macht der ungesunden Anhaftung.

Die Beziehung zwischen Domestizierung und Anhaftung verstehen

Im Beispiel des Fußballfans entstand eine Anhaftung aus etwas, das wirklich geliebt wurde: das Fußballspiel. Der Fan ließ es zu, dass ihn seine Liebe zum Spiel in den Nebel hineinzog und er das Spiel zu einem Teil seiner Identität machte. Seine enge Verbindung mit dem Team verwechselte er mit seiner wahren Identität.

Im Beispiel von dem Jungen und seiner Großmutter war der Junge von der Überzeugung domestiziert, seinen Teller leer essen zu müssen, obwohl diese Idee der seinen widersprach. Und als Erwachsener hielt er weiterhin an der Überzeugung fest, dass er etwas aufessen sollte, auch wenn sein Körper sich dagegen sträubte. Das Ergebnis ist, dass er sich nun an diese Überzeugung gebunden fühlt.

Der Unterschied, den es zu verstehen gilt, ist folgender: Eine Anhaftung rührt nicht immer von einer Domestizierung her, doch wenn die Domestizierung ungeprüft bleibt, führt sie immer zu einer Anhaftung.

Die Entwicklung von der Domestizierung zur Anhaftung sieht wie folgt aus:

1. Domestizierung: Durch die Interaktion mit anderen im Traum des Planeten werden Sie domestiziert. (Eine Großmutter domestiziert ihren Enkel durch die Überzeugung, dass es eine Sünde sei, seinen Teller nicht leer zu essen.)

2. Selbstdomestizierung: Sobald diese Idee in Ihnen verwurzelt ist und von Ihnen akzeptiert wird, wird sie zu einem Glaubenssatz. Sie benötigen dann niemanden mehr, der Sie domestiziert, um diese Überzeugung durchzusetzen; Sie tun es selbst. Das nennt man Selbstdomestizierung in Aktion. (Der Enkel wächst heran und isst gewohnheitsmäßig seinen Teller leer, selbst wenn er nicht hungrig ist.)

3. Anhaftung: Sie sind jetzt an diesen Glaubenssatz gebunden. Je nachdem, wie stark Ihre Anhaftung ist, hängt Ihre Selbstakzeptanz und die Akzeptanz anderer von der Erfüllung des Glaubenssatzes ab. (Der Enkel hat Schuldgefühle, wenn er seinen Teller nicht leer isst; er rügt seine Freunde, wenn sie nicht aufessen, und zwingt seinen Kindern dieselbe Idee auf.)

Wie Sie sehen, können Anhaftungen häufig als Folge der Domestizierung entstehen. Die Ironie ist, dass Sie sich dann an eine Überzeugung binden, mit der Sie anfangs keineswegs einverstanden waren und die Sie nur aufgrund der Domestizierung übernommen haben. Das Endergebnis ist: Ohne dass es Ihnen bewusst ist, halten Sie an Überzeugungen fest, die Sie nicht einmal richtig finden, und drängen sie womöglich auch noch anderen auf!

Domestizierung und Anhaftung arbeiten Hand in Hand, um Sie von Ihrem Authentischen Selbst fernzuhalten, gefangen in Nebel und Rauch sowie im Drama der Party. Dieser Kreislauf (Domestizierung, Selbstdomestizierung und Anhaftung) kann sich über Generationen hinweg fortsetzen ..., bis Sie sich schließlich in einen Meister bzw. in eine Meisterin des Selbst verwandeln und den Teufelskreis oder die Ketten durchbrechen.

Die folgenden Übungen werden Ihnen helfen, Ihre eigene Domestizierung, Ihre Bindungen und Anhaftungen zu identifizieren. Sobald Sie sie erkannt haben, können Sie entscheiden, ob Sie bereit sind, sie loszulassen – oder nicht.

Die eigene Domestizierung wahrnehmen

Halten Sie kurz inne, um auf Ihr Leben zurückzublicken. Welche Überzeugungen, die Ihnen als Kind eingetrichtert wurden, haben Sie später verworfen, weil sie nicht mehr richtig für Sie waren? Dabei könnte es sich um Überzeugungen im Hinblick auf Erziehung und Karriere, Geld und materielle Besitztümer, Politik, Religion oder unzählige andere Bereiche handeln. Denken Sie daran: Es geht hier nicht darum, jene Personen, die Ihnen ursprünglich diese Überzeugungen aufgezwungen haben, zu verurteilen oder ihnen zu grollen, sondern vielmehr darum, zu verstehen, wo die Domestizierung erfolgte und wie Sie sich davon befreit haben. Indem Sie erkennen, in welchen Bereichen Ihres Lebens Sie bereits die Domestizierung entdeckt und sie losgelassen haben, beweisen Sie sich selbst, dass Sie in Ihrem Inneren die erforderliche Kraft besitzen, um sich immer wieder zu befreien.

Die eigenen Anhaftungen identifizieren

Da die Anhaftung bei materiellen Besitztümern anfängt, soll der erste Teil dieser Übung die Punkte in Ihrem Leben aufzeigen, die Sie in Ihr Selbstverständnis bzw. Selbstgefühl mit eingebunden haben.

Denken Sie an einen Gegenstand, den Sie absolut lieben, etwas, das Sie nicht verlieren möchten. Vielleicht ist es Ihr Auto, Ihr Haus, Ihr Geld, ein elektronisches Gerät, ein Schmuckstück, ein bestimmtes Erinnerungsstück oder sogar ein religiöses oder geweihtes Objekt. Sie müssen etwas auswählen, das Ihnen besonders am Herzen liegt, etwas, das mit Ihrem Selbstverständnis und Selbstgefühl zusammenhängt. Nur wenige Menschen, die ehrlich gegenüber sich selbst sind, werden zu dem Schluss kommen, es gebe nichts in der Welt, das nicht auf diese Beschreibung passt.

Schreiben Sie auf ein leeres Blatt Papier, um welchen Gegenstand es sich handelt, und beantworten Sie dann folgende Fragen:

- Warum liegt Ihnen dieser Gegenstand so sehr am Herzen?
- Welches Gefühl von Sicherheit vermittelt er Ihnen?
- Wie ist dieser Gegenstand mit Ihrer Identität oder Ihrem Selbstgefühl verknüpft?
- Wie stärkt er Ihr Ego?
- Gefällt es Ihnen, diesen Gegenstand anderen zu zeigen? Oder ist es ein Gegenstand, den Sie zwar niemandem zeigen, den zu besitzen Sie aber insgeheim sehr stolz macht?
- Fühlen Sie sich durch seinen Besitz attraktiver, wohlhabender, sicherer, intelligenter oder spiritueller als andere?

Seien Sie ehrlich und reagieren Sie entsprechend Ihren augenblicklichen Gefühlen. Hier gibt es keine richtigen oder falschen Antworten. Es geht darum, Ihre tiefergehenden Verbindungen mit materiellen Dingen zu erforschen.

Zerknüllen Sie jetzt das Stück Papier und werfen Sie es weg. Schließen Sie die Augen und stellen Sie sich vor, dieser Gegenstand existiere nicht länger in Ihrem Leben. Wie fühlen Sie sich? Wie wäre das Leben ohne ihn? Wer wären Sie ohne diesen Gegenstand?

Nachdem Sie die Vorstellung, diesen Gegenstand zu verlieren, untersucht haben, stellen Sie sich die folgenden Fragen:

- Beeinflusst diese Anhaftung Ihre Beziehungen zu den Menschen in Ihrem Leben?
- Sorgt diese Anhaftung dafür, dass Sie auf Nummer sicher gehen und sich nicht um die Dinge kümmern, die Sie wirklich wollen?
- Können Sie sich an Situationen erinnern, in denen Sie diesem Gegenstand zuliebe Ihr Handeln geändert haben?
- Wie beeinflusst diese Anhaftung Ihre persönliche Freiheit?
- Und als Letztes: Wollen Sie diesen Grad von Anhaftung beibehalten? Oder wollen Sie ihn reduzieren oder sich ganz davon lösen? Die Entscheidung liegt immer bei Ihnen.

Während Sie Ihre Antworten überprüfen, machen Sie sich den Grad der Angst bewusst, den die Aussicht, den Gegenstand zu verlieren, bei Ihnen auslöst. Je intensiver die Angst ist, desto größer ist die Möglichkeit, dass Ihnen Ihre Anhaftung Kummer bereiten wird, wenn dieser Gegenstand verloren geht. Im Traum des Planeten steht eines fest: Dieser

Gegenstand wird letztlich zerbrechen, sich zersetzen und verschwinden. Nichts in dem Traum dauert ewig.

Wiederholen Sie diese Übung und wählen Sie eine Person, einen Glaubenssatz, eine Rolle, ein Körperbild oder eine Überzeugung, die Sie genauer unter die Lupe nehmen wollen. Dies könnte Ihre Rolle zu Hause sein (Vater, Mutter, Sohn, Tochter) oder irgendeine andere Rolle, die Sie innehaben und die Ihr Selbstverständnis bzw. Selbstgefühl stärkt. Hängen Sie an einer bestimmten Rolle, die Sie spielen? Wie würden Sie empfinden, wenn sich diese Rolle plötzlich veränderte? Hängen Sie an Ihrem Aussehen? Was wäre, wenn es sich über Nacht verändern würde? Genau wie physische Gegenstände, Überzeugungen und soziale Rollen verändern sich auch die Menschen, die eine Rolle in Ihrem Leben spielen, oder sie verabschieden sich ganz aus Ihrem Leben. Wer wären Sie ohne sie?

Wenn es Ihnen wie den meisten anderen Menschen ergeht, werden Sie feststellen, dass Sie in Bezug auf viele Gegenstände, Glaubenssätze und Rollen verschiedene Grade der Anhaftung haben. Diese Grade können schwanken. Allein die Wahrnehmung dieser Anhaftungen stellt für Sie einen großen Schritt dar, nämlich, sich von der Macht, die sie über Sie haben, zu befreien. In dem Augenblick, in dem Sie sich einer Anhaftung bewusst werden, verliert sie ihre Macht über Sie. Wenn Sie Anhaftungen erkennen und sich vorstellen, wie sie sich auflösen, haben Sie die Chance, das Authentische Selbst losgelöst von jeglicher Anhaftung zu sehen, da letztlich Ihre wahre Identität viel größer ist als jeder Gegenstand, jede Rolle oder Überzeugung.

Ohne Bewusstheit wird unsere Wahrnehmung durch unsere Domestizierung und unsere Anhaftungen getrübt. Beides zu erkennen, ermöglicht es uns, Licht ins Dunkel zu bringen und die Wahrheit des Augenblicks zu sehen.

Im nächsten Kapitel wollen wir die Kraft ergründen, die der Domestizierung und den Anhaftungen ihre Macht verleiht, ebenso die Kraft, die ein Meister des Selbst benutzt, um sie zu zerstören.

3

BEDINGUNGSLOSE LIEBE ZU SICH SELBST

Im Traum des Planeten gibt es zwei mächtige Kräfte, die all unsere Vereinbarungen, unsere Anhaftungen und unsere Domestizierung prägen. In der toltekischen Tradition bezeichnen wir diese Kräfte als die beiden Arten von Liebe: bedingungslose Liebe und bedingte Liebe.

Wenn bedingungslose Liebe aus unserem Herzen strömt, bewegen wir uns durchs Leben, indem wir gegenüber anderen Lebewesen unser Mitgefühl bekunden. Bedingungslose Liebe erkennt in jedem Menschen, dem wir begegnen, die Göttlichkeit, ungeachtet seiner Rolle im Leben oder seiner Übereinstimmung mit unserer besonderen Denkweise. Ein Meister des Selbst sieht alle Lebewesen durch die Augen bedingungsloser Liebe, ohne irgendwelche Projektionen oder Verfälschungen.

Andererseits ist eine an Bedingungen geknüpfte Liebe das Kernstück der Domestizierung und Anhaftung. Sie lässt Sie nur sehen, was Sie sehen wollen, und treibt Sie dazu, jeden zu domestizieren, der nicht Ihrer Projektion entspricht. Sie ist das vorrangige Tool, das benutzt wird, um unser Umfeld und uns selbst zu unterwerfen.

Jede Art der Domestizierung kann reduziert werden auf: »Wenn du das tust, schenke ich dir meine Liebe«, und: »Wenn du das nicht tust, verweigere ich dir meine Liebe.«

Jede Art der Anhaftung beginnt mit: »Wenn dies geschieht, bin ich glücklich und empfinde Liebe«, und: »Wenn dies nicht geschieht, werde ich leiden.« Das Schlüsselwort bei all diesen Aussagen lautet: *»Wenn …«* Doch es hat, wie Sie erkennen werden, nichts mit bedingungsloser Liebe zu tun.

Kreieren wir den Traum des Planeten, haben wir die Wahl, einander bedingungslos oder bedingt zu lieben. Lieben wir einander bedingungslos, ist unser Spiegel klar; wir sehen einander und uns selbst so, wie wir wirklich sind – die schönen Verkörperungen des Göttlichen. Aber solange der Nebel der Anhaftung und Domestizierung unsere Wahrnehmung trübt und wir unsere Liebe an Bedingungen knüpfen, können wir die Göttlichkeit in den anderen und in uns selbst nicht sehen. Wir kämpfen jetzt um etwas, das wir irrtümlich für Liebe gehalten haben.

Im Wesentlichen besteht die Domestizierung in einem Kontrollsystem, und ihr wichtigstes Tool ist die bedingte Liebe. Folglich ist der Augenblick, in dem Sie damit beginnen, andere zu kontrollieren, auch der Moment, in dem Sie Bedingungen für Ihre Liebe und Akzeptanz stellen. Da Sie nur das geben können, was Sie selber haben, sind die Bedingungen, die Sie anderen auferlegen wollen, dieselben, die Sie sich selbst auferlegen.

Wenn Sie sich selbst domestizieren, versuchen Sie, Ihre eigenen Handlungen auf der Grundlage von Scham, Schuldgefühlen oder vermeintlicher Belohnung zu kontrollieren statt auf der Basis bedingungsloser Selbstliebe. Wie wir am Beispiel des Mannes gesehen haben, der den Teller vollends leer isst, obwohl er schon satt ist, ist das weder eine gesunde noch eine zufriedenstellende Lebensweise.

Bedingungslose Liebe ist das Gegengift für Domestizierung und Anhaftung. Wenn man sich ihre Macht zunutze macht, hat man den entscheidenden Schritt getan, um ein Meister des Selbst zu werden.

In diesem Kapitel beschäftigen wir uns in erster Linie mit der bedingungslosen Selbstliebe, da Sie anderen nicht geben können, was Sie nicht für sich selbst empfinden.

Der Parasit und der Verbündete

In der toltekischen Tradition sprechen wir von der Stimme in Ihrem Kopf bzw. in Ihrem Geist als dem Erzähler, der tagein, tagaus zu Ihnen spricht. Wenn Sie sich selbst domestizieren, agiert der Erzähler als Parasit, und durch einen negativen inneren Monolog entzieht er Ihnen Energie. Die Stimme des Parasiten bedient sich Ihrer durch Domestizierung und Anhaftung entstandenen Überzeugungen, um Macht über Sie zu behalten, indem sie Ihrer eigenen Selbstliebe und Selbstakzeptanz Bedingungen auferlegt. Der Parasit hält Sie im Nebel gefangen, unfähig, Ihre wahre Identität sowie das Potenzial, das Sie in Ihrem Inneren haben, zu erkennen.

Wenn die Stimme Kommentare von sich gibt, die Sie dazu inspirieren, zu leben, zu kreieren und bedingungslos zu lieben, spricht man von einem konstruktiven Selbstgespräch. Nach der toltekischen Tradition tritt der Erzähler jetzt als Verbündeter auf, der Ihnen hilft, auf konstruktive und friedliche Weise durch den Traum des Planeten zu navigieren. Ist der Erzähler Ihr Verbündeter, unterstreicht er in jeder Situation die Wahrheit und erinnert Sie daran, dass Sie Ihr eigenes Leben unter Kontrolle haben und die Fähigkeit besitzen, positive Veränderungen in der Welt zu schaffen. Obwohl der Verbündete nach wie vor ein Spiegelbild der Wahrheit ist, sehen Sie diese im Spiegel, wenn sich der Nebel aufgelöst hat.

Wenn es Ihnen so ergeht wie den meisten Menschen, wechselt der Erzähler in Ihrem Geist ständig zwischen dem Parasiten und dem Verbündeten hin und her, manchmal sogar mehrmals im Lauf eines Tages. Wird der Erzähler zum Parasiten, werden Sie von Zweifeln erfasst und stellen Ihre eigenen Entscheidungen infrage. Inspiration und Kreativität werden durch Selbstzweifel und an Bedingungen geknüpfte Selbstliebe ersetzt. Übernimmt jedoch der Verbündete das Ruder, sind Sie von Ihren Fähigkeiten überzeugt und das Geplapper in Ihrem Geist ist heiter.

Es ist wichtig, zu verstehen, dass weder der Parasit noch der Verbündete als Authentisches Selbst sprechen, denn das Authentische Selbst ist das Göttliche, die Energie oder der Geist-Spirit, der Ihren Körper und Verstand mit Leben erfüllt. Wenn Sie sich mit der Stimme in Ihrem Kopf identifizieren, verwechseln Sie den Erzähler mit dem Menschen, der Sie wirklich sind, und werden folglich sein Sklave. Spricht der Erzähler als Ihr Verbündeter, sind Sie glücklich. Wenn jedoch die Stimme des Parasiten die Oberhand gewinnt, werden Sie niedergeschlagen oder deprimiert. Aber als Meister bzw. Meisterin des Selbst wissen Sie, dass keine der Stimmen letztlich Sie selbst verkörpert, da keine die Gesamtheit Ihres Authentischen Selbst darstellt.

Diese Macht, die Sie repräsentieren, kann mit Worten nicht adäquat beschrieben werden. Folglich ist keine der Stimmen in Ihrem Kopf wirklich Ihr wahres Selbst, obwohl sie beharrlich das Gegenteil versichern. Ich betone es noch einmal: Sie sind nicht Ihre Gedanken! Vergessen Sie das nie, denn wenn diese Stimme hässlich wird und sich von einem Verbündeten in einen Parasiten verwandelt, können Sie sie als etwas erkennen, das von einer längst vergessenen Erfahrung der Domestizierung herrührt. Diese Erkenntnis gibt Ihnen die Möglichkeit, sich zuversichtlich von den Worten dieser Stimme zu lösen. Dies ist die Meisterschaft des Selbst in Aktion.

Es ist offenkundig viel angenehmer, mit dem Verbündeten zu leben als mit dem Parasiten. Das Gegengift für das Auskundschaften und Loslassen des Parasiten ist die beständige bedingungslose Liebe zu sich selbst. Natürlich ist das leichter gesagt als getan. Die Wurzeln der Domestizierung und der Anhaftung reichen tief, und der Parasit bedient sich ihrer, um die Kontrolle über Ihren Geist zu behalten. Einige von Ihnen haben dem Parasiten schon so lange zugehört, dass sie nicht mehr erkennen, dass es sich um eine Erzählerstimme handelt, mit der Sie nicht einverstanden sein müssen. Sie haben deren Schlussfolgerungen als Fakten akzeptiert und schränken dadurch Ihr Potenzial ein. Um das zu ändern, müssen Sie anfangen, jedes negative Wort, das in Ihr Bewusstsein dringt, zu erkennen. Wie mein Vater im ersten der »Vier Versprechen« lehrte [siehe Don Miguel Ruiz: *»Die Vier Versprechen«*], besitzt das Wort große Macht, und ein Meister des Selbst benutzt die Macht des Wortes nicht gegen sich selbst.

Den Parasiten auskundschaften

Der Parasit agiert zwar im Inneren, stärkt sich aber selbst, indem er wachsam ist und sich im Traum des Planeten an das negative äußere Gespräch hängt. Letzteres hören Sie bei einer Unterhaltung, bei der versucht wird, bedingte Liebe aufzuerlegen. Wenn jemand die Macht seiner Worte dazu nutzt, Sie zu unterjochen oder mit Zweifel zu erfüllen, kann dies wiederum dazu beitragen, Ihren Parasiten zu nähren. Selbst eine flapsige Bemerkung im passenden (oder in diesem Fall: im unpassenden) Ton, kann sehr wirkungsvoll sein. »Hübsches Hemd«, bemerkt vielleicht jemand spöttisch. Einen Moment zuvor waren Sie mit Ihrem Hemd vielleicht noch völlig zufrieden, aber plötzlich machen Sie sich die Projektion der anderen Person zu eigen und werden von Selbstzweifeln gequält. Ihre innere Stimme wird negativ, und Sie verlieren das Vertrauen in Ihre Wahl. Sie blicken an sich hinunter und denken: »Er hat recht, ich mag dieses Hemd eigentlich auch nicht.« Ausgehend von der Meinung einer anderen Person, beurteilen Sie sich jetzt selbst.

Der einfachste Weg, jemanden Ihren Willen kontrollieren zu lassen, ist, ihm die Erlaubnis zu erteilen, genau dies zu tun, weil Sie an Ihrer eigenen Fähigkeit zweifeln, eine Wahl zu treffen. Deshalb ist die Domestizierung so effektiv.

Um es klarzustellen: Das bedeutet nicht, dass Sie die Ansichten anderer Leute nicht willkommen heißen und konstruktive Kritik nicht annehmen. Der Unterschied liegt in der Intention. Wenn Sie sich der Macht des Wortes bewusst sind, trennen Sie sorgfältig Tatsachen von Meinungen, und als Meister bzw. Meisterin des Selbst entscheiden Sie, ob die Meinung einer anderen Person auch für Sie wahr ist. Wenn

Domestizierung mit im Spiel ist, hören Sie auf die Meinungen anderer Personen, deklarieren sie fälschlich als Fakten und akzeptieren sie als Wahrheit, ohne sie gründlich zu prüfen.

Der Parasit wird auch durch einen negativen inneren Monolog gestärkt. Er vollzieht sich in Ihrem Persönlichen Traum, wenn Sie in Ihrem Geist gegen sich selbst sprechen. Das wird gewöhnlich als »Selbstquälerei« beschrieben. In der toltekischen Tradition versteht man darunter die Verwendung von Worten des Parasiten als Bedingungen für Ihre eigene Selbstliebe und Selbstakzeptanz. Diese Negativität kommt aus dem Inneren. Sie betrachten sich zum Beispiel im Spiegel und finden, dass Ihre Frisur heute überhaupt nicht sitzt oder Ihre Hose zu eng ist, oder stören sich vielleicht noch an weiteren körperlichen Merkmalen. Vielleicht redet Ihnen Ihre innere Stimme ein, dass Sie nicht gut aussehen und auf niemanden auf der Welt Eindruck machen werden.

Ohne sich dessen bewusst zu sein, wie Sie zu sich selbst sprechen, können Sie außer Kontrolle geraten, und der Tag mit der schlecht sitzenden Frisur kann in eine Tirade negativer Selbsturteile ausarten, bei der Sie sich als hässlich, dick, wertlos etc. bezeichnen. In diesem Augenblick hat der Parasit Ihre Aufmerksamkeit auf sich gelenkt, Sie tief in den Nebel gezogen und dabei die Macht Ihres Wortes gegen Sie selbst eingesetzt. Wenn das negative innere und äußere Gespräch unerkannt bleibt, kann er die Intensität Ihrer Intention behindern und Sie noch tiefer in den Nebel verstricken. Wenn Sie das negative Gespräch als Tatsache akzeptieren, ohne die Wahrheit von der Meinung zu trennen, kann dies zu einem Teil Ihrer persönlichen Geschichte werden und dazu führen, dass der Parasit den Großteil der Zeit das Sagen hat und deshalb Ihr Bild von sich selbst und Ihren Glauben an Ihre potenziellen Fähigkeiten beschränkt.

Ein Meister des Selbst ist versiert darin, die Stimme des Parasiten zu erkennen und loszulassen. Er kann diese Stimme tatsächlich in die eines Verbündeten verwandeln. Dafür ist ein Bekenntnis zu bedingungsloser Selbstliebe erforderlich. Das bedeutet, dass Sie bereit sind, ohne Beurteilung oder Bedingungen *jeden Aspekt von Ihnen selbst* zu lieben – besonders die Teile von sich, die Sie sich häufig anders wünschten. Jeder Einzelne von uns birgt bedingungslose Selbstliebe in sich, ungeachtet vergangener Umstände und Domestizierung.

Wir werden gleich einige spezifische Möglichkeiten betrachten, bedingungslose Liebe in Ihr Leben zu bringen. Doch zuvor wollen wir klären, was nicht funktioniert.

Erstens: Der Parasit kann sich nicht selbst besiegen. Mit anderen Worten: Ein negatives Selbstgespräch kann nicht durch einen weiteren negativen inneren Monolog überwunden werden. In meinen vergangenen Workshops und Vorträgen haben mir Menschen zum Beispiel völlig bestürzt gesagt: »Ich bin so enttäuscht von mir. Ich kann nicht glauben, dass ich mich bereits seit Jahren mit der toltekischen Tradition beschäftige und immer noch Dinge persönlich nehme.«

Dieser Kommentar birgt die Vorstellung, dass der Sprecher bei der Ausübung der Tradition scheitert, und man kann dabei im Hintergrund die hinterhältige Stimme des Parasiten vernehmen. Würde diese Äußerung aus der Sicht bedingungsloser Selbstliebe gemacht, würde mich diese Person lächelnd ansprechen und sagen: »Wissen Sie, ich befasse mich schon seit Jahren mit der toltekischen Tradition und stelle fest, dass ich die Dinge manchmal immer noch persönlich nehme. Ich bemühe mich nach Kräften. Haben Sie vielleicht eine Idee, wie ich dieses Hindernis überwinden könnte?«

Die Veränderung ist hier offensichtlich, da der Verbündete anstelle des Parasiten das Wort ergriffen hat.

Der Verbündete spricht von einem Standpunkt bedingungsloser Liebe aus; der Parasit vertritt jedoch eine bedingte Liebe. Da das negative Selbstgespräch auf bedingter Liebe gründet, ist jeglicher Versuch, den Parasiten mit noch mehr negativem inneren Monolog zu verändern, eine subtile Methode, den Parasiten selbst zu stärken.

Die Lösung, den Parasiten in einen Verbündeten zu verwandeln, besteht darin, Ihrem Selbst in seiner Gesamtheit bedingungslose Liebe entgegenzubringen – einschließlich des Parasiten. Wenn Sie den Parasiten mit bedingungsloser Liebe füttern, machen Sie ihn zu Ihrem Verbündeten und nutzen die Macht Ihres Wortes, um Ihren Geist und Ihr Leben zu verändern.

Der Traum des Planeten ist eine Welt der Polaritäten, in der etwas nur in Bezug auf sein Gegenteil bekannt ist. Licht wird im Vergleich zu Dunkelheit definiert, »oben« im Vergleich zu »unten«, Nacht zu Tag etc. Ohne das eine würden wir das andere nicht kennen. In Äußerungen wie »heiß und kalt«, »lang und kurz«, »gut und böse« basieren die Einschätzungen auf unserer Wahrnehmung. Das, was eine Person als gut befindet, wird vielleicht von einer anderen als schlecht gedeutet. Wenn ich etwas sage, bin ich mir bewusst, dass ich gleichzeitig recht und unrecht habe, denn die Wahrnehmung der Individuen, die mir zuhören, wird die Gültigkeit meiner Worte entsprechend ihrer eigenen Meinung bestimmen, und sie sind frei in ihrer Wahrnehmung. Somit bin ich lediglich für die Klarheit und Integrität meiner Worte verantwortlich – nicht für das, was andere hören und fühlen, weil ich nicht ihr Bewusstsein kontrolliere. Dies ist die unglaubliche Macht unseres Geistes, die wir mittels unserer Worte zum Ausdruck bringen.

Ein Meister des Selbst erkennt die Macht des Wortes und weiß, dass jede einzelne Beurteilung, die der Parasit äußert, umgewandelt und vom Verbündeten genutzt werden kann. Bedingungslose Liebe in Aktion bewirkt den Wandel. Während sich zahlreiche Menschen entscheiden, auf die Stimme des Parasiten zu hören und sich darauf zu fokussieren, ist es von entscheidender Bedeutung, dass Sie Ihren Geist darauf trainieren, mit den Augen des Verbündeten zu sehen. Dafür bietet sich kein besserer Kontext an als Ihre eigene, persönliche Geschichte.

HeatherAsh Amara, meine Freundin und Lehrerkollegin, bringt in ihrem Buch *»Warrior Goddess Training«* ein eindrucksvolles Beispiel dafür, wie sie ihren Erzähler bewusst vom Parasiten in einen Verbündeten verwandelte. Hier die Parasiten-Perspektive, mit der sie begann:

> *Als Kind war ich von den vielen Umzügen meiner Familie traumatisiert. Mit sechzehn hatte ich bereits acht verschiedene Schulen besucht und in vier Ländern – Singapur, Hongkong, USA und Thailand – gelebt. Ungefähr alle zwei Jahre zogen wir um. In jeder neuen Schule war ich anfangs sehr schüchtern, fühlte mich isoliert und allein. Im zweiten Jahr hatte ich Freunde gefunden und mich eingelebt, doch dann zogen wir erneut um, und das Ganze ging von vorne los. Da ich so oft von Freunden getrennt wurde, fällt es mir schwer, enge Freundschaften zu schließen, weil ich Angst vor der Trennung habe.*
>
> *Jedes Mal, wenn ich meine Geschichte erzählte, war ich deprimiert. Wären Sie das nicht auch?*

Als HeatherAsh ihre Lehre bei meinem Vater begann, fing sie an, ihre Geschichte aus der Perspektive des Verbündeten zu sehen und zu erzählen. Achten Sie auf den Perspektivenwechsel – bei gleichbleibenden Fakten:

> *Als Kind war ich mit einer abenteuerlustigen Familie gesegnet. Wir zogen alle zwei Jahre um und reisten jeden Sommer in der Welt herum. Den größten Teil meiner Kindheit verbrachte ich damit, große internationale Schulen in Südostasien zu besuchen. Als ich sechzehn war, hatte meine Familie zwanzig verschiedene Länder besucht oder dort gelebt, einschließlich Thailand, Singapur, Indien, Ägypten, Italien und Spanien. Wegen der vielen Umzüge und Reisen lernte ich, unglaublich flexibel zu sein und die Vielfalt und Kreativität der Menschen zu lieben. Meine Kindheitserfahrungen halfen mir, viele unterschiedliche Perspektiven nachvollziehen zu können, leicht Freunde zu finden und Veränderungen zu begrüßen.*
>
> *Jedes Mal, wenn ich diese neue Geschichte erzählte, spürte ich Abenteuerlust und jede Menge Dankbarkeit.*

Wie Sie sehen können, handelt es sich um dieselben Fakten, aber die Geschichte unterscheidet sich dramatisch von der vorherigen. Erkennen Sie die Macht der Wahrnehmung?

Die folgenden Übungen werden Ihnen helfen, sich darin zu üben, Ihren Parasiten in einen Verbündeten zu verwandeln.

Beurteilungen loslassen

Betrachten Sie sich im Spiegel und nehmen Sie alle Selbstbeurteilungen wahr, die sich in den nächsten Augenblicken einstellen. Sagt Ihnen eine innere Stimme, Ihre Nase sei zu groß? Zu klein? Gefällt Ihnen Ihre Körpergröße nicht? Oder Ihr Teint? Nehmen Sie sich einen Augenblick Zeit, sich diese Beurteilungen anzuhören. Ihre Gefühle werden Ihnen verraten, welche Sie am meisten berühren, denn je stärker das negative Gefühl ist, desto stärker ist auch die Anhaftung an dieses Urteil.

Schreiben Sie das Urteil, das die stärkste emotionale Reaktion hervorruft, auf ein Blatt Papier. Es ist sehr wichtig, dass Sie dies niederschreiben (gleich werden Sie verstehen, warum).

Nehmen Sie sich als Nächstes einen Moment Zeit, sich an die vielen Gelegenheiten zu erinnern, bei denen Sie dieses Urteil gegen sich selbst benutzt haben. Vielleicht lässt Sie dieser Gedanke schon seit vielen Jahren nicht mehr los.

Jetzt können Sie die Quelle dieses Urteils erforschen und feststellen, wie es im Traum des Planeten Ihre Handlungen beeinflusst hat. Halten Sie unter dem Urteil Ihre Antworten zu folgenden Fragen fest:

- Haben Sie dieses Urteil von jemand anderem gehört? Erinnern Sie sich, wann Sie es erstmals gehört haben und von wem?

- Haben Sie dieses Urteil über sich selbst auch gegenüber jemand anderem wiederholt?

- Wie hat dieses Urteil Ihre Handlungen beeinflusst? Haben Sie sich seinetwegen Gelegenheiten verwehrt oder es nicht geschafft, Risiken einzugehen?

Lesen Sie Ihre Antworten und stellen Sie sich dann diese sehr wichtige Frage:

- Wollen Sie, dass dieses Urteil immer noch Ihr Leben kontrolliert?

Falls Sie diese letzte Frage nach dem Lesen all Ihrer Antworten bejahen, handelt es sich um eine Anhaftung, die zu einem Teil Ihrer Identität geworden ist. Sie prägt jetzt, wer Sie sind, und Sie sind nicht bereit, sie loszulassen. Das ist in Ordnung, sofern es tatsächlich das ist, was Sie wollen. Vielleicht kommen Sie später darauf zurück, um herauszufinden, dass Sie diesen Glaubenssatz nicht länger benötigen.

Wenn Sie diese letzte Frage mit Nein beantwortet haben, dann betrachten Sie das geschriebene Urteil nicht als etwas, das Teil von Ihnen ist, sondern sehen darin lediglich ein Blatt Papier, auf das Worte geschrieben wurden – nicht mehr. Erkennen Sie, dass dieses Urteil nur deswegen vor Ihnen liegt, weil Sie implizit die ganze Zeit damit einverstanden waren. Nun ist es an der Zeit, es loszulassen.

Der erste Schritt besteht darin, dass Sie sich selbst vergeben, weil Sie von jeher damit einverstanden gewesen sind.

Sobald Sie bereit sind, dieses Urteil loszulassen, sprechen Sie folgende Worte laut aus:

> *»Ich, ………, habe mich meines negativen Selbstgesprächs bedient, um mich selbst mit bedingter Liebe zu unterjochen.*

Ich vergebe mir, dass ich das getan habe, und werde jetzt diese falsche Überzeugung loslassen.«

Zerknüllen Sie das Blatt Papier und werfen Sie es in den Papierkorb. Es ist ein heiliger Akt, diesen falschen Glaubenssatz aufzugeben, weil Sie nicht länger daran glauben. Erinnern Sie sich: Glaubenssätze existieren nicht »da draußen« in der Welt; sie spuken nur in Ihrem Kopf herum und nur so lange, wie Sie daran glauben.

Sooft Sie sich dabei ertappen, wie Sie bei diesem Thema wieder in die alte Gewohnheit der Selbstverurteilung verfallen, wiederholen Sie diese oben genannten Worte der Vergebung. Dadurch erfahren Sie die bedingungslose Liebe. Sie haben bereits den Preis für diese Selbstverurteilung bezahlt; Sie brauchen es nicht noch einmal zu tun. Mein Vater pflegt zu sagen, wahre Gerechtigkeit bedeutet, für etwas einmal zu bezahlen, Ungerechtigkeit dagegen besteht darin, immer und immer wieder dafür zu bezahlen. Indem Sie sich selbst vergeben, können Sie sich erheben und neu beginnen. Selbstvergebung ist immer der Schlüssel, und die bedingungslose Liebe bietet Ihnen diese Gelegenheit.

Wenn Sie bereit sind, wiederholen Sie diese Übung für jedes der Urteile, die Sie anfangs aufgeführt haben.

Attribute verändern

Welche Geschichten über vergangene Ereignisse tragen Sie mit sich herum? Erzählen Sie diese Geschichten aus der Perspektive Ihres Parasiten oder Ihres Verbündeten?

Denken Sie einen Augenblick lang über die Geschichte Ihres Lebens nach. Welches sind die Hauptelemente? Wie erzählen Sie diese Geschichte sich selbst und anderen? Erkennen Sie die Stellen in Ihrer Geschichte, die Sie häufig aus der Perspektive des Parasiten erzählen, und schreiben Sie sie auf.

Schreiben Sie als Nächstes dieselben Stellen noch einmal, aber dieses Mal aus der Perspektive Ihres Verbündeten. (Lesen Sie noch einmal den beispielhaften Auszug meiner Freundin HeatherAsh Amara in diesem Kapitel.)

Wenn Sie so sind wie die meisten anderen Menschen, werden Sie feststellen, dass es häufig einfacher ist, aus der Perspektive des Parasiten zu schreiben als aus der des Verbündeten. Das beweist, welche Macht die Domestizierung, Anhaftung und bedingte Liebe über Sie haben. Aus der Perspektive des Verbündeten zu schreiben, kann sich als schwieriger erweisen, aber wenn Sie Ihre Lebensereignisse auf diese Weise umdeuten, können Sie die positiven Aspekte in jeder Erfahrung der Vergangenheit erkennen.

Letztlich sind unsere Erzähler lediglich Geschichtenerzähler. Sie erzählen Geschichten über die Ereignisse in unserem Leben und deuten sie entweder auf positive oder negative Weise; es hängt ganz davon ab, um welchen Erzähler es sich handelt. Ein Meister des Selbst betrachtet die Ereignisse des Lebens durch die Augen des Verbündeten, nicht durch die des Parasiten. Dadurch bringt er bedingungslose Selbstliebe zum Ausdruck. Auch Sie besitzen die Macht, Ihre Aufmerksamkeit auf verschiedene Schwerpunkte zu lenken oder umzulenken.

Sobald Sie bedingungslose Liebe zu sich selbst spüren, können Sie sie auch anderen anbieten. Und genau das ist das Thema des nächsten Kapitels.

4

BEDINGUNGSLOSE LIEBE FÜR ANDERE

Als Meister des Selbst sehe ich, wenn ich in die Augen eines anderen Individuums blicke, ein weiteres Authentisches Selbst, einen wunderschönen Ausdruck des Göttlichen. An welchem Punkt auch immer sich diese Person beim Prozess des Erwachens befinden mag, respektiere ich, dass ihre Intention genauso stark ist wie meine. Das bezeichnet man als Akt der bedingungslosen Liebe. Würde ich versuchen, diese Person zu kontrollieren, wäre ich im Nebel verloren und würde meiner Akzeptanz und meiner Liebe zu ihr Bedingungen auferlegen.

Wenn Sie die Welt mit den Augen bedingter Liebe sehen, versuchen Sie erklärtermaßen, andere zu kontrollieren und ihnen Ihren Willen aufzuzwingen, sodass sie sich an die Definition anpassen, wer und was sie Ihrer Meinung nach sein sollten. Wenn sie Ihren Forderungen nicht nachkommen, erhalten Sie eine Bestrafung in Form Ihres Urteils. Dies ist, kurz gesagt, bedingte Liebe. Aber vergessen Sie nicht: Jedes Mal, wenn Sie jemanden beurteilen, bestrafen Sie diese Person, weil sie sich nicht an Vereinbarungen hält, die sie nie getroffen hat.

Beim Rückblick auf Ihr Leben erkennen Sie, dass viele der Beziehungsstreitigkeiten, bei denen es Ihrer Ansicht nach um Ihre persönliche Freiheit ging, sich in Wirklichkeit darum drehten, wer wen domestizieren würde. Und jedes Mal, wenn Sie Ärger, Empörung, Entrüstung oder sonstige negativen Gefühle infolge des Verhaltens einer anderen Person empfanden, schufen Sie einen Traum von Schurken und Opfern und waren erneut in das Drama der Party verstrickt.

Wenn Sie sich als Opfer wahrnehmen und jemand anderen als Schurken, können Sie die Person, die Ihnen gegenübersteht, nicht wirklich sehen: Sie sehen nicht ihre Geschichte, ihre Vergangenheit, ihre Kümmernisse und wie all das die Person, mit der Sie sich gerade unterhalten, geformt und sich auf ihr Leben ausgewirkt hat. Durch den Nebel der Domestizierung können Sie lediglich sehen, dass die Person, der Sie in Ihrer Geschichte die Rolle des Schurken zugewiesen haben, nicht die Wertvorstellungen erfüllt, die Sie für richtig halten.

Sobald Sie andere jedoch mit den Augen bedingungsloser Liebe betrachten, können Sie deutlich sehen, wer tatsächlich vor Ihnen steht: ein Lebewesen, das versucht, zu überleben und in einer Welt voller Domestizierung und bedingter Liebe zu gedeihen. Bedingungslose Liebe erlaubt es Ihnen, nicht mit den Entscheidungen oder Glaubenssätzen anderer übereinzustimmen, aber gleichzeitig ihr Recht auf eine andere Meinung zu respektieren.

Das Praktizieren bedingungsloser Liebe ist die Kunst von Meistern und Meisterinnen des Selbst. Sobald Sie die Selbstbeurteilungen, die von Ihrer eigenen Domestizierung herrührten, erkannt, losgelassen und vergeben haben, können Sie auch andere erkennen und ihnen vergeben, wenn sie aus ihrer Domestizierung heraus handeln. Die Person, die vor Ihnen steht, wurde domestiziert, und nun will sie Sie domestizieren, weil sie nichts anderes kennt. Doch sie kann Sie nur mit Ihrer Erlaubnis unterwerfen.

Für viele Menschen kann die Familie eine einmalige Herausforderung darstellen, mit den Augen bedingungsloser Liebe zu sehen, denn hier sind die Wurzeln der Domestizierung am tiefsten. Häufig schmerzen die Wunden, die Ihnen in Ihrer Familie zugefügt wurden, am meisten, doch dies ist darauf zurückzuführen, dass Sie sie lieben. Diese tiefe Liebe wird Ihnen auch dabei helfen, zu vergeben und zu heilen.

Neben Ihrer Familie waren Ihre einflussreichsten Dompteure beim Heranwachsen vermutlich Ihre Freunde und Klassenkameraden. Sie waren die Menschen, die Sie beeindrucken oder denen Sie gleichen wollten, also haben Sie häufig versucht, Ihr Verhalten den Vorstellungen anzupassen, die diese Gleichaltrigen akzeptabel fanden. Und natürlich haben Sie wohl von ihnen dasselbe verlangt. Das soll nicht heißen, dass Sie keine echte Liebe für diese Freunde empfanden. Da Sie aber alle aus Familien stammten, in denen Domestizierung üblich war, war dies alles, was Sie kannten, also brachten Sie diese Praktiken in Ihre Beziehungen ein.

Es gibt einen Moment im Leben, in dem wir aus dem Traum erwachen und beginnen, uns Freunde auszusuchen, die uns akzeptieren, uns ermutigen zu wachsen, und uns unterstützen – und wir sind bereit, das Gleiche für sie zu tun. Aber solange wir nicht erkennen, wo und wie uns die Domestizierung beeinflusst hat, und uns bemühen, sie auszumachen und loszulassen, wenn sie in Erscheinung tritt, werden sich dieselben Muster in unseren neuen Freundschaften entwickeln: Wir werden schließlich Bedingungen daran knüpfen, damit sie in unser neues Modell passen, egal, für wie »erleuchtet« wir es halten.

Manchmal höre ich zum Beispiel Kommentare in toltekischen Kreisen wie »Diese Person ist kein guter Tolteke« oder »Ihre Worte sind nicht untadelig«. In diesen Fällen können Sie erkennen, dass Werkzeuge der Erleuchtung in Quellen der Beurteilung, Kontrolle und Domestizierung umgewandelt wurden.

Bei allen unseren Beziehungen, besonders aber den Beziehungen zu unseren Freunden und unserer Familie, in denen die Wurzeln der Domestizierung am tiefsten reichen, müssen wir uns der Möglichkeit bewusst sein, wieder in das Drama der Party verstrickt und vom Nebel »geblendet« zu werden.

Der Schlüssel, um dies zu vermeiden, besteht darin, uns fortwährend daran zu erinnern, von einem Standpunkt bedingungsloser Liebe aus zu handeln. Das ist leichter gesagt als getan, besonders, wenn die Wurzeln der Domestizierung tief liegen, aber es gibt einen Weg.

Frieden schaffen im Traum des Planeten

Wenn Sie mit jemandem eine Unstimmigkeit haben und spüren, dass Sie verstimmt werden, müssen Sie entscheiden, was Sie als Nächstes tun oder sagen. Bevor Sie sprechen oder eine weitere Handlung vornehmen, stellen Sie sich folgende Frage: »Rührt das, was ich gerade sagen oder tun will, von einer Einstellung bedingungsloser oder bedingter Liebe her?« Mit anderen Worten: Ist Ihre Liebe und Akzeptanz der Person vor Ihnen irgendwie davon abhängig, dass sie Ihnen zustimmt oder tut, was Sie wollen? Falls ja, ist das ein Hinweis darauf, dass Sie von Ihrer Domestizierung und Ihren Anhaftungen kontrolliert werden. Und jetzt versuchen Sie, jemanden zu domestizieren und ihm Ihren Standpunkt aufzuzwingen. Wenn Ihre Reaktion auf bedingungsloser Liebe gründet, beweist sie per definitionem Respekt gegenüber der anderen Person, selbst wenn Sie letztlich nicht mit deren Ansichten oder Handeln einverstanden sind. Gegenseitiger Respekt ist der Schlüssel, der wahren Frieden im Traum des Planeten möglich macht. Dieser Respekt ermöglicht es auch jedem, die Vorteile und Folgen der eigenen Entscheidungen und Handlungen zu erfahren.

Wenn bedingte Liebe den Traum des Planeten beherrscht, lassen sich scheinbarer Frieden und scheinbare Harmonie nur durch Gewalt herstellen, indem eine Person oder mehrere Personen den Willen anderer unterdrücken. Regierungen sind bekannt für diese Art des Verhaltens, und in der Geschichte finden sich jede Menge Beispiele dafür, dass eine Gruppe eine andere durch den Glaubenssatz »Macht geht vor Recht« unterjochen möchte. Aber das kommt auch in persönlichen Beziehungen vor, wenn eine Person eine Machtposition dazu nutzt, das Verhalten einer anderen zu kontrollieren. Das entspricht natürlich weder echtem Frieden noch echter Harmonie, sodass diese nie von Dauer sind. Die Menschen werden sich immer gegen Unterjochung auflehnen und um ihren freien Willen kämpfen. Denn naturgemäß streben wir immer nach Freiheit – selbst wenn unsere Sicht durch den Nebel getrübt ist.

Das Problem ist: Wenn eine Gruppe von Menschen um Freiheit kämpft, ohne zuerst den eigenen Nebel aufzulösen, nämlich ihre Domestizierung und Anhaftungen, werden ebendiese Menschen, die sich von einem Unterdrücker befreit haben, schließlich die bisherigen Bedingungen durch ihre eigenen ersetzen und wiederum versuchen, die Menschen um sie herum zu unterjochen, um ihre Sichtweise von Frieden und Harmonie durchzusetzen. Dieser Kreislauf von Aufzwingen und Unterwerfen vollzieht sich im Traum des Planeten seit Jahrtausenden. So beginnt der Krieg, so endet er und beginnt von Neuem. Das gilt für eine Schlägerei auf der Straße gleichermaßen wie für einen internationalen Konflikt, da beides dem Wunsch einer Partei entspringt, die andere zu unterjochen, und zwar basierend auf dem Glaubenssatz des Unterwerfers, sein Weg sei »der richtige«. Das ist der Kreislauf, den bedingte Liebe stets erzeugt.

Aus der Sichtweise bedingungsloser Liebe sind Frieden und Harmonie eine Vereinbarung Gleichgestellter. Dabei werden Wissen und Bewusstsein dazu genutzt, einen Traum zu kokreieren, dessen Vielfalt den freien Willen jedes einzelnen Individuums in diesem Moment widerspiegelt. Genau wie bei der Party, wo Sie die einzige nüchterne Person sind, können Sie weder erwarten, dass jeder nüchtern sein oder erwachen möchte, noch, dass tatsächlich jeder nüchtern bleibt bzw.

erwacht. Wenn Sie versuchen, jemanden gegen seinen Willen zu erwecken, versuchen Sie, ihm Ihre Überzeugungen aufzuzwingen.

Wie also handeln wir von einem Standpunkt bedingungsloser Liebe aus? Wie versuchen wir aufrichtig, andere beim Erwachen zu unterstützen, ohne sie zu unterjochen? Es ist nicht immer leicht, sich einen Augenblick Zeit zu lassen, um nachzudenken und zu erkennen, welche wahren Motive Sie antreiben, besonders, wenn Sie sich im Überschwang des Augenblicks befinden und sich das Drama der Party bemüht, Ihnen wieder vorzugaukeln, der Traum sei real. Selbst wenn man jemandem bedingungslose statt bedingte Liebe entgegenbringt, ist es darüber hinaus durchaus möglich, etwas zu tun oder zu sagen, was der anderen Person nicht gefällt. Aber wenn Sie aus Liebe und Respekt die Wahrheit sagen, ist dies Selbst-Meisterung in Aktion.

In solchen Augenblicken erinnere ich mich an eine Lehre meines Vaters: »Ich bin verantwortlich für das, was ich sage, aber nicht für das, was du hörst.« Ich bin quasi bis zu meinen »Fingerspitzen« verantwortlich und nicht darüber hinaus, und es liegt außerhalb meiner Kontrolle, wie jemand auf meine Äußerungen reagiert oder handelt. Natürlich ist diese Wahrheit kein Freibrief, etwas Unfreundliches oder absichtlich Verletzendes zu sagen oder zu tun (wir haben auch die Wahl, anderen gegenüber rücksichtsvoll zu sein). Wir begreifen jedoch, dass die Nachricht, dass wir die Ketten unserer Domestizierung abgeworfen haben, für unsere Dompteure und jene, die uns zu domestizieren versuchen, hart sein kann, besonders am Anfang. Was wirklich zählt, ist unsere Intention. Wenn wir von bedingungsloser Liebe ausgehen, können wir darauf vertrauen, dass jede unserer Handlungen richtig ist und sich das Ergebnis jeder Situation unserer Kontrolle entzieht. Wir tun unser Bestes, und wir lösen uns von unserer Anhaftung an das Ergebnis. Anfangs kann das schwierig und sogar etwas beängstigend sein. Aber die Verpflichtung, aus bedingungsloser Liebe heraus zu handeln, lindert diese Besorgnis, da wir wissen, dass unsere jetzigen und auch die nachfolgenden Handlungen mit unserem wahren Sein übereinstimmen.

Ressentiments überwinden und anderen vergeben

Wenn Sie rückblickend die Glaubenssätze, Überzeugungen und Bedingungen überdenken, nach denen Sie Ihr Leben auszurichten versuchten, erkennen Sie oft, dass ihr Ursprung in der Domestizierung liegt, die Sie in der Vergangenheit erlebt haben. Abhängig vom Grad der Unterwerfung beim Heranwachsen, kann dies für einige von Ihnen eine sehr verstörende Erkenntnis sein. Wenn Ihnen jene, die Macht besaßen, mit Gewalt oder Manipulation ihren Willen aufzwangen und wenn die Unterjochung brutal oder sogar extrem war, kann es sehr schwierig – und in manchen Fällen fast unmöglich – sein, diese Menschen mit den Augen bedingungsloser Liebe zu betrachten. Selbst unter jenen von Ihnen, die keine besonders traumatische Erfahrung mit der Domestizierung gemacht haben, gibt es nur wenige, die keine Wut oder Bitterkeit über Vorfälle empfinden, die sich während ihrer Entwicklungsjahre ereigneten.

Ressentiments, die von vergangener Domestizierung herrühren, gehören zu den größten Hindernissen, wenn es darum geht, andere mit den Augen bedingungsloser Liebe zu sehen. Der Begriff »Ressentiment« stammt aus dem Französischen und bedeutet wörtlich »erneut fühlen«. Einer der Hauptvorteile bei dieser Art der Arbeit an sich selbst besteht darin, dass Sie nicht mehr zulassen, in der Gegenwart von vergangenen Konditionierungen oder Erfahrungen kontrolliert zu werden. Solange Sie an Ihren Ressentiments festhalten, sind Sie der Sklave der Vergangenheit. Etwas, das geschehen ist, lässt sich nicht rückgängig machen, sorgt aber dafür, dass Sie aktiv leiden, da Sie es immer wieder fühlen. Ressentiments sind selbst auferlegtes Leiden, verursacht durch das emotionale Gift, das wir anderen wünschen.

Wut, Ressentiments und Groll sind lauter Werkzeuge, die der Parasit nutzt, um sich selbst zu stärken und Ihren Geist unter Kontrolle zu bekommen. Auch hier sind die Methoden sehr raffiniert. Während der Parasit vielleicht genau aufzeigt, wie Sie von jemandem misshandelt wurden, besteht die »Lösung«, die er anbietet, darin, die negativen Gefühle der Wut, Traurigkeit und Bitterkeit etc. aufzuwühlen und Sie bestenfalls dazu zu ermutigen, Ihre Liebe jenen, von denen Sie verletzt wurden, vorzuenthalten, und sich im schlechtesten Fall an ihnen zu rächen. Der Parasit benutzt immer die Werkzeuge bedingter Liebe, doch deren Verwendung führt niemals zum ultimativen Guten. Stattdessen sind Sie wieder im Nebel verloren, und Ihr Traum ist verknüpft mit einer Geschichte von Opfern und Schurken.

Der Ausweg besteht darin, dass Sie jene, von denen Sie domestiziert wurden, bedingungslos lieben und ihnen vergeben. Dies kann sich als eine der schwierigsten Aufgaben erweisen; seien Sie also milde gegenüber sich selbst, wenn Sie diesen Weg einschlagen, besonders, wenn Sie stark durch andere gelitten haben.

Sie müssen nicht nur jenen vergeben, die Ihnen Leid zufügten, sondern auch sich selbst. Denn wenn sie vergangene Erfahrungen der Domestizierung intensiv studieren, stellen viele Menschen fest, dass sie auf sich selbst wütend sind, weil sie entweder in einer bestimmten Situation verharrten oder sich nicht mehr bemüht haben, sich aus ihr zu befreien. Sollte das auf Sie zutreffen, denken Sie daran, sich selbst zu vergeben. Damals haben Sie Ihr Bestes getan; Sie brauchen sich nicht zu geißeln.

Sich selbst zu respektieren, bedeutet auch, ehrlich zu sich selbst zu sein. Wenn Sie nicht bereit sind, zu vergeben, ist dies Ihre Wahrheit. Unterjochen Sie sich nicht mit den Worten »Ich muss«. Wenn Sie nicht bereit sind, sind Sie es nicht. Sich selbst samt dieser Wahrheit zu akzeptieren, bedeutet, bedingungslose Liebe zu praktizieren. Schließlich geht es darum, den Kreislauf der Domestizierung zu durchbrechen. Lassen Sie sich so viel Zeit, wie Sie brauchen, um für die Heilung bereit zu werden. Vergebung ist der abschließende Schritt, eine Wunde zu heilen.

Ein Vergebungsritual kann Ihnen helfen, alte Gefühle, die Sie immer noch im Leid der Vergangenheit festhalten, zu überwinden (was in den nachfolgenden Übungen aufgezeigt werden soll). Viele der schönen spirituellen Traditionen der Welt bieten hierfür wunderbare Gebete und sonstige Praktiken an.

In der toltekischen Tradition befürworten wir auch noch einen weiteren Schritt, um nicht bei den Geschichten von Schurken und Opfern Halt zu machen, sondern die Heilkraft der Vergebung zu nutzen. Der Schlüssel dazu ist im zweiten der »Vier Versprechen« meines Vaters zu finden: *Nehmen Sie nichts persönlich.*

Wenn Sie sich an dieses Versprechen bzw. an diese Vereinbarung mit all ihren Implikationen halten, werden Sie erkennen, dass nichts, was andere tun, wegen Ihnen geschieht. Es ist nie persönlich zu verstehen, selbst wenn dies jemand beabsichtigen sollte, da Sie sich einfach im Zielbereich befinden. Wenn Sie diese Wahrheit anerkennen, fällt es Ihnen leichter, die Vergangenheit loszulassen und die Wahrheit des gegenwärtigen Moments in sich aufzunehmen: Ihre Dompteure taten angesichts ihres damaligen Bewusstseins einfach nur ihr Bestes.

Wenn Sie gründlich über diesen Umstand nachdenken, fällt Ihnen die Vergebung viel leichter, denn Sie begreifen, dass sich die Handlungen anderer um sie selbst und um ihr Leiden, ihre Anhaftungen und ihre Domestizierung drehten, und Sie stellen fest, dass sie sich im Nebel verirrt haben, bei der Party betrunken waren und deswegen nicht anders handeln konnten. Respektieren Sie sie und gestatten Sie ihnen, die Konsequenzen ihrer Handlungen zu tragen.

Jede Handlung ruft eine gleichartige und eine gegensätzliche Reaktion hervor. Auf diese Weise lehrt uns das Leben. Aus dieser Sichtweise können wir das Gebet von Jesus, überliefert im Lukas-Evangelium (Kapitel 23, Vers 34), besser begreifen: »Vater, vergib ihnen, denn sie wissen nicht, was sie tun.«

Wenn Sie Ihren Persönlichen Traum durch Ressentiments verdüstert haben, müssen Sie sich als Erstes dessen bewusst werden, um etwas ändern zu können. Sobald Sie erkennen, was tatsächlich geschieht, ist der nächste Schritt die Vergebung. Diese befähigt Sie, sich die Macht bedingungsloser Liebe für andere nutzbar zu machen. Die nachfolgenden Übungen ermöglichen es Ihnen, tiefer in diesen Prozess einzutauchen.

Vergebungsritual

Erstellen Sie auf einem Blatt Papier eine Liste aller Personen, von denen Sie in der Vergangenheit schlecht behandelt wurden und denen Sie noch nicht vergeben haben. Auf dieser Liste könnten Familienmitglieder, Freunde, Kollegen, Bekannte und sonstige Personen aufgeführt sein. Überprüfen Sie die Namensliste und lassen Sie kurz die damit verbundenen Vorfälle Revue passieren.

Lesen Sie als Nächstes folgendes Statement laut vor:

> *»Ich, ………, bin bereit, all jenen zu vergeben, die mir in der Vergangenheit Schmerz und Leid zugefügt haben. Ich entscheide mich, ihnen zu vergeben, damit ihre vergangenen Handlungen nicht länger meine Gegenwart beeinträchtigen. Ich wünsche mir, sie durch den Blick bedingungsloser Liebe zu sehen. Ich vergebe auch mir selbst für alles, was im Zusammenhang mit diesen Ereignissen steht. Damals tat ich mein Bestes. Ich bete darum, dass diese Menschen und ich künftig nur noch Liebe und Frieden erleben.«*

Ich möchte, dass Sie das Blatt Papier zerknüllen und wegwerfen, so wie Sie es bei der Übung im vorherigen Kapitel getan haben, als es darum ging, dass Sie sich selbst vergeben. Visualisieren Sie dabei, dass all die negativen Gefühle gegenüber diesen Menschen und Ereignissen ebenfalls im Müll landen.

Mit diesem einfachen Ritual beginnen Sie, Ihre Ressentiments gegenüber jenen, die Ihnen Leid zugefügt haben, durch bedingungslose Liebe zu ersetzen. Wobei hinzuzufügen ist: Wenn der Schmerz, der Ihnen durch andere zugefügt wurde, extrem ist, reicht es in der Regel nicht aus, das Vergebungsritual nur einmal zu vollziehen; Sie werden das vorgenannte Statement wahrscheinlich jedes Mal wiederholen müssen, sobald Ihnen die Ereignisse aus Ihrer Vergangenheit in den Sinn kommen und Sie sie erneut spüren, weil der Parasit versucht, Sie die Straße der Negativität und bedingten Liebe entlangzuführen.

Sollte jemand auf der Liste aufgeführt sein, dem zu vergeben Ihnen besonders schwerfällt, dann sprechen Sie jeden Abend vor dem Zubettgehen das nachfolgende Gebet und setzen den Namen der Person (bzw. der Personen) ein, der Sie vergeben möchten:

> *»Ich bete darum, dass .... alles erhält, was er/sie sich im Leben wünscht, einschließlich der Erfahrung von bedingungsloser Liebe, Frieden und Glück.«*

Bei einigen von Ihnen sträubt sich wahrscheinlich beim Lesen dieser Zeilen alles, da die Vorstellung, darum zu beten, dass diese Menschen alles erhalten, was sie sich wünschen, vermutlich das Gegenteil dessen ist, was Sie ihnen wünschen. Ich kann das nachvollziehen, aber ich möchte Sie ermutigen, diesem Gebet eine Chance zu geben und es zwei Wochen lang jeden Abend zu wiederholen, auch wenn sich die Worte unehrlich anfühlen.

Viele Menschen, die diese Übung konsequent zwei Wochen lang durchgeführt haben, waren überrascht über die Veränderungen, die sich in ihrem Inneren vollzogen.

Vergessen Sie nicht: Wenn Sie anderen vergeben, tun Sie dies für sich selbst, nicht für die anderen. Vergebung bedeutet nicht, dass Sie die Ereignisse der Vergangenheit vergessen oder jegliches Handeln billigen. Es befreit Sie vielmehr davon, von ihnen kontrolliert zu werden, indem Sie sich daran erinnern, dass Sie lediglich bis zu Ihren »Fingerspitzen« verantwortlich sind, nicht darüber hinaus.

Die letzte Übung in diesem Abschnitt hilft Ihnen, den Weg der Vergebung fortzusetzen.

Dialog der Vergebung

• Teil 1 •

Diese Übung besteht aus zwei schriftlichen Teilen, jeder ungefähr einen Absatz lang.

Blicken Sie zunächst zurück auf Ihr Leben und identifizieren Sie ein Ereignis oder eine Situation, wo Ihnen schweres Leid durch andere zugefügt wurde. Denken Sie an eine Zeit, als jemand entweder versuchte, Sie zu domestizieren, oder es tatsächlich tat, indem er Ihnen auf brutale bzw. extreme Weise seinen Willen aufzwang. Es sollte sich um ein größeres Ereignis handeln, das eine Wende in Ihrem Persönlichen Traum herbeiführte, Ihre Art, andere zu sehen, änderte, vermutlich deren Makel offenlegte und zu einem entscheidenden Moment in Ihrer persönlichen Geschichte wurde.

Viele Menschen haben so etwas erlebt, wahrscheinlich als Kinder oder Jugendliche, aber es könnte sich auch um etwas handeln, das sich im Erwachsenenalter zugetragen hat.

Schreiben Sie die Details des Ereignisses nieder, als würden Sie jemandem davon erzählen, der keine Kenntnis davon hat. Nehmen Sie sich Zeit und lassen Sie in Gedanken noch einmal alle Einzelheiten an sich vorbeiziehen. Kehren Sie zu jenem Augenblick zurück, sodass Sie sich an die Geschehnisse und an Ihre damaligen Gefühle erinnern können.

Und jetzt kommt der wichtige Teil: Schreiben Sie aus der Sichtweise jener Zeit und nicht aus der heutigen. Seien Sie freimütig und auf den Augenblick fokussiert. Lassen Sie Ihre Gefühle fließen, nehmen Sie keine Beurteilung von »richtig« oder »falsch« vor und versuchen Sie nicht, versöhnlich zu sein. Denken Sie daran, dass diese Übung für Sie ist; und solange Sie sich nicht dazu entscheiden, sie mit jemandem zu teilen, sind Sie der einzige Mensch, der sie je zu Gesicht bekommen wird.

Hier ist ein Beispiel von einem meiner geschätzten Freunde:

> *Als ich neun war, saß ich eines Abends zu Hause vor dem Fernseher und hörte plötzlich, wie meine Eltern im Zimmer nebenan zu streiten begannen. Sie stritten sich nicht zum ersten Mal, aber an diesem Abend schien sich ihr Streit von den vorherigen zu unterscheiden. Meine Mutter kam und bat mich, in mein Zimmer zu gehen und die Tür zu schließen, was nichts Ungewöhnliches war.*
>
> *Ich folgte ihrer Anweisung, saß dann reglos und ängstlich da und vernahm durch die dünnen Wände, wie das Geschrei immer lauter wurde. Dann hörte ich etwas, das ich nie vergessen werde: einen markerschütternden Schrei meiner Mutter, auf den unheimliche Stille folgte. Ich erstarrte vor Schreck und hätte gerne mein Zimmer verlassen, fürchtete mich aber vor dem, was ich dann vorfinden würde.*

Dennoch öffnete ich die Tür, ging hinunter in den Flur und betrat das Wohnzimmer. Mein Vater saß allein auf dem Sofa. Als er mich sah, sagte er: »Deine Mutter ist aus dem Haus gerannt. Geh und schau, ob du sie finden kannst.« Ich erinnere mich, dass ich Angst vor ihm hatte, gleichzeitig aber wütend auf ihn war, doch meine Hauptsorge galt meiner Mutter.

Ich rannte aus dem Haus und suchte sie. Es war dunkel, und ich hatte Angst. Ich versuchte, die Dunkelheit zu durchdringen, und rief nach ihr, erhielt aber keine Antwort. Dann bemerkte ich, dass die Lampe auf der Veranda des Nachbarhauses brannte.

Als ich auf die Veranda zuging, vernahm ich Stimmen und hörte, wie meine Mutter schluchzte. Ich fragte sie, was passiert sei, aber innerlich wusste ich es bereits. »Dein Vater hat mich geschlagen«, erklärte sie. »Er schlägt mich.«

Ich war überwältigt von Wut und Traurigkeit, und ich schwor mir, meine Mutter zu beschützen, sollte er je wieder versuchen, ihr etwas anzutun. »Wenn er das noch einmal macht, bringe ich ihn um«, sagte ich.

Dieser Abend veränderte mein Leben, da ich zum ersten Mal die dunkle Seite meines Vaters erkannt hatte. Sechs Monate später nahm er sich das Leben.

Im Fall meines Freundes versuchte dessen Vater, die Mutter (und gleichzeitig auch meinen Freund) durch die Anwendung von Gewalt zu domestizieren. Vielleicht ist Ihr Beispiel nicht so extrem oder noch extremer. Um diese Übung optimal zu nutzen, ermutige ich Sie, nicht weiterzulesen, bis Sie das Beispiel aus Ihrem eigenen Leben niedergeschrieben haben. Wenn Sie damit fertig sind, setzen Sie die Übung fort.

In diesem Teil ist Ihre Vorstellungskraft gefordert. Ich möchte, dass Sie sich vorstellen, wie Sie die Person, die Ihnen Schmerz zugefügt hat, nur auf spiritueller Ebene treffen. Bei diesem Treffen können Sie direkt mit dem Authentischen Selbst der anderen Person sprechen, mit dem Teil von ihr, der hellwach ist, nicht verloren im Nebel oder betrunken bei der Party. Auf dieser Ebene ist sie mit bedingungsloser Liebe erfüllt, und Sie können ohne Angst sagen, was Sie wollen. Sagen Sie ihr, welche Gefühle Sie wegen ihr und dieser Situation wirklich empfinden. Stellen Sie sich dann vor, was diese Person aus der Perspektive ihres Authentischen Selbst zu Ihnen sagen würde. Arbeiten Sie diesen Dialog zwischen Ihnen beiden aus.

Hier ist das Beispiel meines Freundes:

> ***Dad,*** *ich bin so wütend und traurig über die Ereignisse. Ich kann nicht glauben, dass du deine Frau geschlagen hast. Du hast mir so große Angst eingejagt. Wir sind beste Freunde, und ich habe dich so sehr bewundert. Ich kann nicht verstehen, wie du so etwas tun konntest. Was ist los mit dir? Wenn du getrunken hast, bist du ein ganz anderer Mensch. Ich habe Schuldgefühle, weil ich nicht zur Stelle war, um zu versuchen, dich aufzuhalten. Als du ein paar Monate später gestorben bist, war ich traurig, aber auch etwas erleichtert, weil ich wusste, dass ich mir keine Sorgen mehr wegen deiner Gewalttätigkeit machen muss. Unwillkürlich hatte ich Schuldgefühle, weil ich mich durch deinen Tod erleichtert fühlte.*
>
> ***Mein Sohn,*** *es tut mir sehr leid, dass ich deiner Mutter und dir wehgetan habe. Ich hatte völlig die Kontrolle über mich selbst verloren, wusste nicht, was ich tat. Wenn ich trinke,*

bin ich nicht mehr ich selbst. Bitte glaube mir, ich will nur das Beste für dich und deine Mutter. Ich liebe euch beide von Herzen. Könnte ich diesen Augenblick ungeschehen machen, würde ich es tun. Es tut mir unendlich leid, und ich bitte dich um Vergebung. Du hast keinerlei Grund, Schuldgefühle zu haben, denn ich allein bin für diese Situation verantwortlich. Ich möchte, dass du das nun alles loslässt. An dem Ort, an dem ich jetzt bin, empfinde ich nur reine Liebe für dich und deine Mutter, und ich tue mein Möglichstes, um euch vom Jenseits aus zur Seite zu stehen.

Diese Übung ermöglicht es Ihnen, sich wieder in Ihre damalige Gefühlslage zu versetzen, sie in Worte zu fassen und dann auf die Reaktion der anderen Person zu achten, die aus der Sichtweise ihres Authentischen Selbst erwächst.

Bei den meisten Menschen ist das Ergebnis folgendermaßen: Sie sind besser in der Lage, zu begreifen, dass die Handlungen der anderen Person nicht persönlich gemeint waren und dass jedes Individuum bedingungslose Liebe in sich trägt.

Denken Sie daran, behutsam mit sich selbst umzugehen, wenn Sie die schmerzlichen Ereignisse der Vergangenheit erforschen und loslassen. Das kann schwierig sein, aber die Wahrheit ist: Je härter es für Sie ist, desto mehr können Sie gewinnen. Die Freiheit, die Sie erfahren werden, wird sich auf Ihr Leben auswirken und es vorantreiben.

Es ist sehr schwierig, Ihren Weg fortzusetzen, ohne den wichtigen Schritt der Vergebung gemacht zu haben. Gehen Sie es langsam an und greifen Sie wieder auf diese Übungen zurück, wenn es erforderlich ist. Dringen Sie jedes Mal etwas tiefer vor.

5

DIE AUSLÖSER ERKENNEN UND DEN FALLGRUBEN AUSWEICHEN

Bis zu dieser Stelle im Buch wurden überwiegend grundlegende Informationen dargeboten. Das liegt daran, dass wir während des Prozesses, ein Meister bzw. eine Meisterin des Selbst zu werden, zu begreifen beginnen, dass wir träumen, sowohl auf persönlicher als auch auf kollektiver Ebene. Sobald wir den Traum als solchen erkannt haben, lenken wir unsere Aufmerksamkeit darauf, was ihn zum Albtraum machen kann, nämlich Domestizierung und Anhaftung, die, wie Sie sich erinnern werden, durch die bedingte Liebe angefacht werden. Wir haben auch gelernt, dass das Gegenmittel für den Albtraum die bedingungslose Liebe ist und dass der Schlüssel, um Zugang zu dieser Liebe zu finden, in der Vergebung gegenüber anderen und uns selbst liegt.

Aber Informationen allein machen Sie noch nicht zu einem Meister, vielmehr die Verwendung der Tools, auf die wir uns jetzt fokussieren wollen. Wenn Sie das Leben in all seiner

Fülle leben, sich für andere engagieren und mit ihnen interagieren, statt sich in klösterliche Abgeschiedenheit zurückzuziehen, werden Sie mit Sicherheit viele Situationen erleben, die das Potenzial besitzen, Ihre Aufmerksamkeit völlig gefangen zu nehmen und Sie aus dem Gleichgewicht zu bringen. Der Traum des Planeten ist voll von dieser Art von Fallgruben. Wenn Sie hineinfallen, verlieren Sie Ihre Wahrnehmung und werden erneut in den Nebel und das Drama der Party hineingezogen.

Eine der Säulen der Selbst-Meisterung besteht darin, die Auslöser aufzuspüren und die Fallgruben, von denen Sie angelockt werden, zu umgehen. Bei diesem Prozess kann Ihnen nichts mehr helfen als die Wahrnehmung Ihrer Gefühle.

Ihre Gefühle verstehen

Unsere Gefühle sind wunderbare Werkzeuge. Sind wir mit ihnen im Kontakt, können wir das Leben in seiner ganzen Fülle genießen. Wenn wir unser Bewusstsein öffnen, können unsere Gefühle uns viele Dinge lehren. Sie können uns zeigen, was wir mögen und was wir nicht mögen, was wirklich wichtig für uns ist und was nicht. Sie können uns als großartiger Führer dienen, um die Aufgabe zu entdecken, die wir im Traum des Planeten erfüllen sollen.

Wenn Sie zum Beispiel vor einer wichtigen Entscheidung stehen und nicht wissen, wie Sie handeln sollen, kann es Ihnen helfen, sich darauf zu fokussieren, wie Sie im Hinblick auf die angebotenen Optionen empfinden, statt sich von den Geschichten Ihrer inneren Erzähler vereinnahmen zu lassen. Wenn Sie sich selber besser kennenlernen, wird diese Art von Wahrnehmungsvermögen zu einem sehr effektiven Werkzeug, um festzustellen, was Sie wirklich wollen. Der Volksmund würde sagen: »Hören Sie lieber auf Ihr Herz als auf Ihren Verstand«, aber es ist tatsächlich die Selbst-Meisterung in Aktion.

Ihre Gefühle können Ihnen auch aufzeigen, wo Sie noch immer an Anhaftungen festhalten, und Ihnen alle durch vergangene Domestizierung verursachten Ängste und Selbstzweifel enthüllen, die Sie noch nicht losgelassen haben. Manchmal sind Sie sich nicht einmal bewusst, dass Sie eine Anhaftung haben, bis ein bestimmtes Ereignis in Ihnen eine emotionale Reaktion auslöst. Wann immer Wut, Frustration, Schuldgefühle, Scham oder sonstige negative Gefühle Besitz von Ihnen ergreifen, ist dies ein Hinweis für Sie, in sich hineinzuschauen und zu erkunden, was los ist. Stellen Sie sich Fragen wie: »Woher rührt dieses Gefühl? Wann habe ich es schon einmal gehabt? Wo ist die Quelle dieses Gefühls zu suchen?« Sobald Sie sich dessen bewusst werden, was in Ihrem Inneren vorgeht, können Sie sich entspannen und die Abwärtsspirale aufhalten, bevor Sie die Kontrolle verlieren.

Wut ist zwar eine sehr verbreitete emotionale Reaktion, aber keineswegs die einzige. Dichtmachen, defensive oder passive Aggressivität, Schuld- oder Reuegefühle und ähnliche nutzlose Reaktionen stellen zusätzliche Möglichkeiten dar, wie Sie emotional reagieren können und das Bewusstsein für Ihr Authentisches Selbst verlieren.

Egal, ob Sie dazu neigen, von Ärger und Wut übermannt zu werden oder sich schmollend in eine Ecke zurückzuziehen: Die Ursache all dieser emotionalen Reaktionen ist immer Angst, und das Werkzeug dafür ist bedingte Liebe. Wenn

Angst Sie überwältigt und eine emotionale Reaktion hervorruft, haben Ihre Anhaftungen und Ihre Domestizierung die Führung übernommen und die bedingungslose Liebe bleibt auf der Strecke.

Ein Meister des Selbst zu werden, bedeutet: wahrzunehmen, wann eine emotionale Reaktion einsetzt, und sich dann ohne Zögern die Frage zu stellen: »Wovor habe ich Angst?« Je schneller Sie die Angst identifizieren und loslassen können, desto schneller erden Sie sich erneut im Authentischen Selbst.

Jede emotionale Reaktion, die Sie zeigen, ist Ihre eigene, nicht die von jemand anderem. Sie erfolgt also, damit Sie etwas über sich selbst lernen. Der Meister des Selbst sieht dies als eine Gelegenheit, um zu lernen und zu wachsen. Und indem Sie dies tun, können Sie mit diesen Gefühlen umgehen, bevor sie in einen Ausbruch münden, der Ihrem Persönlichen Traum oder dem Traum des Planeten schadet.

Konflikte im Traum des Planeten

Im Traum des Planeten laufen derzeit über sieben Milliarden Persönliche Träume gleichzeitig ab, deshalb sind Unstimmigkeiten unvermeidbar. Doch diese Unstimmigkeiten können auch einem sehr gesunden Zweck dienen, da sie jeden von uns herausfordern, unseren jeweiligen Persönlichen Traum kontinuierlich weiterzuentwickeln. Wenn eine Person – und erst recht beide Parteien – infolge einer Unstimmigkeit emotional reagieren, scheidet die Möglichkeit, die Dinge aus der Sicht der anderen Person zu sehen, aus, und der Konflikt ist vorprogrammiert. Eine emotionale Reaktion bewirkt, dass Sie feststecken und sich nicht weiterbewegen können, bis Sie sich intensiver damit befassen, was Ihnen die Emotion zu sagen versucht.

Jeder Meister des Selbst – sogar jene, die diese Werkzeuge seit Jahren eifrig genutzt haben – wird auf Personen und Situationen stoßen, die spezielle Herausforderungen darstellen. Das sind die Menschen, die wirklich Ihre Knöpfe drücken und Sie in Rage bringen können, und der Umgang mit ihnen wird vermutlich eine emotionale Reaktion auslösen. Während Sie in vielen Fällen dramatische oder angsterregende Menschen und Situationen meiden können, wird es immer jene Augenblicke geben, in denen Sie sich nicht aus dem Staub machen können, sondern sich sogleich mit einer bestimmten Person oder Situation auseinandersetzen müssen.

Die Frage lautet dann: Können Sie dies tun, ohne wieder in das Drama der Party hineingezogen zu werden? Können Sie in Ihrem Authentischen Selbst geerdet bleiben und der anderen Person Respekt entgegenbringen? Als ein Meister des Selbst, der die Kontrolle über seinen Willen behalten und im Traum des Planeten jedem bedingungslose Liebe entgegenbringen will, wird es Ihnen viel leichter fallen, im Gleichgewicht zu bleiben, wenn Sie herausfinden, warum diese Person die einzigartige Fähigkeit besitzt, eine Reaktion bei Ihnen hervorzurufen.

Denken Sie darüber nach. Ausgerechnet diese eine Person kann Sie vielleicht besser auf die Palme bringen als irgendjemand sonst auf der Welt. Das ist ein ganz besonderes Geschenk, das Ihnen offeriert wird; sobald Sie herausfinden, worin es besteht, erwartet Sie Freiheit.

Nach meiner Erfahrung kann der Ursprung häufig auf eines von drei Phänomenen zurückgeführt werden (und manchmal gleichzeitig auf mehr als eines). Mit diesen Umständen wollen wir uns jetzt näher befassen.

1. Frühere Domestizierung

Möglicherweise ruft die Person oder Situation eine intensive Erinnerung an jemanden hervor, der versuchte, Sie zu domestizieren – wogegen Sie sich wehrten. Selbst wenn Sie sich nicht genau an dieses Ereignis erinnern, stellt Ihr Unterbewusstsein oder Ihre Erinnerung die Verbindung her. Das Ergebnis ist, dass Ihre Wahrnehmung der aktuellen Situation durch die Domestizierung in der Vergangenheit verzerrt wird. Sie sehen in dieser Person eine potenzielle Bedrohung, und Ihr Bewusstsein oder Ihr Unterbewusstsein hat sie dementsprechend etikettiert, auch wenn Ihnen dies nicht bewusst ist.

Wenn Sie einen Zusammenhang herstellen und erkennen, dass der Grund, weshalb diese Person Sie beunruhigt, auf einer vergangenen und nicht der gegenwärtigen Erfahrung beruht, haben Sie begonnen, ihre Macht, Sie zu verunsichern, auszuschalten, und Ihren Willen wieder unter Kontrolle gebracht.

Mit dem Wissen, dass diese Person eine Erinnerung in Ihnen wachruft oder eine vergangene Situation heraufbeschwört, können Sie Vergebung anstreben sowie das durch den Unterdrücker in der Vergangenheit verursachte Trauma loslassen und die derzeitige Situation in einem neuen Licht sehen, nicht länger verdüstert durch den Schatten Ihrer Vergangenheit. Häufig befreit Sie allein die Assoziation mit der Vergangenheit von der Qual der gegenwärtigen Situation, sodass sie ihre Macht über Sie verliert und nicht mehr als potenzieller Auslöser fungiert.

2. Spiegelung

Jeder Mensch ist unser Spiegel, und Dinge, die wir nicht an uns mögen, werden am deutlichsten von jenen Personen gespiegelt, die die gleichen Eigenschaften besitzen. Mit anderen Worten: Vielleicht sehen Sie in dieser anderen Person einen Teil von sich selbst, auch wenn Ihnen das nicht bewusst ist. Diese Wahrheit mag für einige von Ihnen eine Überraschung sein, und Ihre erste Reaktion könnte sein, dass Sie sie ablehnen. Aber ich bitte Sie, genauer hinzusehen. Jede Charaktereigenschaft, die Sie an anderen Menschen erkennen und nicht mögen, entspricht oft bis zu einem gewissen Grad Ihrer eigenen.

Wenn Sie zum Beispiel jemanden bei einer Lüge ertappen und es Ihnen sehr zusetzt: Waren Sie irgendwann in Ihrer Vergangenheit ebenfalls ein Lügner? Falls Sie sich über die Unzulänglichkeiten Ihrer Freunde beklagen: Bedenken Sie, wie viele dieser Klagen auch auf Sie zutreffen könnten. Die Wahrheit kann zunächst bitter zu schlucken sein. Trotzdem ist es ein nützliches Werkzeug, um alle negativen inneren Reaktionen, die beim Umgang mit einer anderen Person erfolgen, zu unterbinden, da Sie im anderen sich selbst sehen können.

3. Anhaftung

Wenn Sie jemanden treffen, der die unheimliche Eigenschaft besitzt, eine Reaktion bei Ihnen hervorzurufen, mag dies daher rühren, dass Sie eine Anhaftung an eine Überzeugung haben, die Ihrer Meinung nach verteidigt werden muss, und

Sie in dieser anderen Person eine Bedrohung dieser Überzeugung sehen. Wenn Sie sehr an Ihren Glaubenssätzen hängen, sind Konflikte vorprogrammiert.

Während einige Überzeugungen vielleicht verteidigt werden müssen, besonders, wenn sie Ihr körperliches Wohlbefinden oder das von jemand anderem mit einschließen, sind dies normalerweise nicht die Themen, deretwegen wir in Konflikt geraten. Es besteht ein großer Unterschied zwischen der Verteidigung einer Überzeugung, die Ihr körperliches Befinden schützt, und einer Überzeugung, die lediglich eine Position unterstützt, die Ihr Ego wertschätzt.

Die Kenntnis des Unterschieds zwischen den beiden sowie Ihre Verpflichtung, das Recht eines anderen, etwas anderes zu glauben als Sie, zu respektieren, stellt eine Möglichkeit dar, Ihre Anhaftung an einen Glaubenssatz, der auf Ich-Bezogenheit gründet, loszulassen und die Sichtweise der anderen Person zu respektieren.

Selbst-Meisterung in Aktion

Wenn Sie sich das nächste Mal in einer bestimmten Situation befinden und spüren, wie sich Wut, Abwehr, Schuldgefühle, Traurigkeit oder etwas Ähnliches in Ihnen aufbauen, besteht Ihr erster Schritt darin, die Emotion zu erkennen. Gestehen Sie sich ein, dass sie existiert, und akzeptieren Sie, dass diese Gefühle in Ihrem Inneren sind. Das bloße Identifizieren, Eingestehen und Akzeptieren der Gefühle wirkt oft beruhigend und leitet den Prozess ein, sie loszulassen.

Als Nächstes stellen Sie sich folgende Fragen:

- Was will Ihnen diese Emotion hier zeigen?
- Welche Ängste werden durch die Worte oder Handlungen einer anderen Person in Ihnen aktiviert?
- Was versuchen Sie zu kontrollieren, und warum?

In den meisten Fällen gehört die Antwort in eine der Kategorien: frühere Domestizierung, Spiegelung oder Anhaftung.

Ein Meister des Selbst erkennt, dass alle aufsteigenden negativen Emotionen in Wahrheit ein Geschenk sind, eine Gelegenheit zur Entdeckung, da niemand außer Ihnen für Ihre emotionalen Reaktionen verantwortlich ist. Dieser letzte Satz sollte öfter wiederholt werden: *Niemand außer Ihnen ist für Ihre emotionalen Reaktionen verantwortlich.* Andere Personen können sagen und tun, was sie wollen, aber was sich in Ihrem Inneren abspielt, ist ausschließlich das Ergebnis Ihres Denkens und Fühlens.

Manchmal befinden Sie sich vielleicht in einer Situation, in der Sie ein negatives Gefühl beschleicht, dessen Ursprung Sie nicht sofort identifizieren können. Und selbst wenn Sie es können, sind Sie nicht fähig, es loszulassen, weil Sie spüren, wie sich die Emotion aufbaut. Halten Sie sich in solchen Fällen möglichst davon ab, in diesem Augenblick etwas zu tun oder zu sagen. Lösen Sie sich dann aus der Situation, bis Sie mehr Klarheit gewonnen haben. Lassen Sie sich nicht einreden, dass es keine Willenskraft erfordert, ein Meister des Selbst zu sein, denn in gewissen Situationen könnte es Ihre gesamte Willensstärke erfordern, Zurückhaltung zu üben.

In einigen Fällen ist es eventuell nicht möglich, eine Pause einzulegen, wenn Sie mit einer Person oder einer Sache konfrontiert sind, die eine emotionale Reaktion in Ihnen auslöst, sodass Sie entscheiden, sich sofort mit der Situation auseinanderzusetzen. An dieser Stelle kommen Respekt und bedingungslose Liebe ins Spiel. Denken Sie kraft Ihres Willens daran, dass die andere Person Ihren Respekt verdient. Das heißt nicht, dass Sie Verantwortung für den Willen der anderen Person übernehmen, indem Sie ihr Ihren eigenen Willen aufzwingen – selbst dann, wenn Sie mit ihrer Position nicht einverstanden sind. Denken Sie daran, dass diese Person die Welt aus ihrer eigenen Sicht sieht, egal, ob domestiziert oder nicht. Indem Sie Respekt und bedingungslose Liebe für die andere Person aufrechterhalten, können Sie ruhig bleiben und Ihre eigene Wahrheit voller Liebe äußern.

Wieder lautet die Schnelltestfrage, die Sie sich stellen sollten, bevor Sie reden: »Kommen die Worte, die ich gerade äußern möchte, aus meinem Inneren oder rühren sie von meinen domestizierten Glaubenssätzen her?« Falls der anderen Person mit Ihrer Äußerung eine Bedingung auferlegt werden soll, ermutige ich Sie, nach innen zu blicken und neue Worte zu finden. Wenn Sie jedoch von einem Ort der Wahrnehmung aus sprechen, werden all Ihre Worte richtig sein. Denken Sie daran: Von einer Haltung bedingungsloser Liebe auszugehen, heißt nicht, etwas zu sagen, dem die andere Person zustimmt oder das sie erfreut. In solchen Momenten vergegenwärtigen wir uns, dass wir die Wahrnehmung oder Reaktion der anderen Person nicht kontrollieren können; wir haben lediglich die Kontrolle über uns selbst.

Manchmal besteht die bestmögliche Entscheidung zur Vermeidung weiterer Konflikte darin, aus einer Situation auszusteigen und sich auch weiterhin von ihr fernzuhalten.

Wenn die andere Person Sie nicht mehr respektiert, wird sie versuchen, Ihnen ihren Willen aufzuzwingen. Um den Respekt vor sich selbst zu bewahren, ist es oft klug, sich zurückzuziehen, bevor Ihre Gefühle Sie übermannen und Sie etwas tun oder sagen, das Sie später bedauern würden. Eine Situation auf diese Weise hinter sich zu lassen, bedeutet nicht, dass Sie vor Ihren Problemen oder Gefühlen die Flucht ergreifen, sondern dass Sie eine kluge Entscheidung treffen, die auf Selbstfürsorge gründet, da ein weiteres Engagement für keine Seite von Nutzen wäre.

Ein Meister des Kampfsports würde Ihnen erklären, dass Ihr Geist Ihre stärkste Waffe und Ihre erste Verteidigungslinie darstellt. Es erfordert Disziplin, Ihren Körper mit der Faust zu verteidigen und nicht der Versuchung zu erliegen, der Aggressionstyrann zu werden. Seien Sie sich immer bewusst, was das Gegenteil von Selbstrespekt wäre.

Die Alternative zu den oben erwähnten Möglichkeiten besteht darin, sich von Ihren Gefühlen kontrollieren zu lassen, wütend um sich zu schlagen oder in der Abwehrhaltung überzureagieren. Lassen Sie dies zu, dann werden Sie erneut in das Drama der Party verwickelt und sind wieder im Rauch und Nebel verloren. Verhaltensweisen dieser Art führen immer zum gleichen Ergebnis: Sie erzeugen im Traum des Planeten Leid für sich selbst und für andere.

Moderne Auslöser

Die moderne Welt bietet einige interessante neue Wege, um emotionale Reaktionen zu triggern. Ich gehe davon aus, dass die meisten von Ihnen, die dieses Buch lesen, mit sozialen Netzwerken wie Facebook, Twitter etc. und natürlich auch mit dem Senden von Textnachrichten vertraut sind. Die sozialen Medien und die Textnachrichten haben Verbindungen geschaffen, wie wir es nie zuvor im Traum des Planeten erlebt haben.

Während uns die sozialen Medien helfen können, mit denen, die uns am Herzen liegen, in Verbindung zu bleiben, haben sie sich auch zu einem fruchtbaren Boden für emotionale Reaktionen auf digitale Konversationen entwickelt. Die Folge ist, dass die sozialen Medien manchmal mehr einem emotionalen Minenfeld gleichen als einem elektronischen Spielfeld.

Die gute Nachricht ist, dass Ihnen diese Technologie ein weiteres wertvolles Tool zur Selbsterkundung anbietet, da Sie die Mutmaßungen, die Sie über andere Personen anstellen, beobachten können. Mit anderen Worten: Da Sie den Gesichtsausdruck und die Körpersprache der Person, die etwas in den sozialen Medien postet oder eine SMS schickt, nicht sehen, besteht die erste Reaktion Ihres Geistes häufig darin, eine Mutmaßung über die Bedeutung der Nachricht anzustellen, und zwar, indem er sich Ihrer Projektion bezüglich der Absicht des Senders bedient. Auf diese Weise werden die Leerstellen gefüllt, indem man eine Emotion auf einen Kommentar, einen Post oder eine SMS projiziert, die der Verfasser der Nachricht vielleicht gar nicht im Sinn hatte. Die sozialen Medien und Textnachrichten ermöglichen es Ihnen, festzustellen, welche Gefühle Sie projizieren und welche Gefühle Ihrer Vermutung nach von der anderen Person intendiert sind, und zu untersuchen, welche innere Domestizierung und welche Anhaftungen Ihren Vermutungen zugrunde liegen.

Halten Sie sich vor Augen: Ein Meister des Selbst zu sein, bedeutet nicht, dass wir gefühllose Roboter sind oder uns nie ködern lassen und niemals emotional reagieren. Aber wenn Sie aufgrund einer emotionalen Reaktion die Kontrolle über Ihren Willen aufgeben, statt überlegt zu reagieren, ermöglicht Ihnen die Verwendung dieser Tools, die Kontrolle schnell wiederzugewinnen. Anzuerkennen, dass Sie Wut, Neid, Ressentiments, Traurigkeit und dergleichen fühlen, ermöglicht es Ihnen, die Wahrheit des Gefühls, das Sie im Augenblick empfinden, zu erkennen. Diese Erkenntnis kann innerhalb eines Augenblicks erfolgen oder nachdem Sie sich eine Nacht lang im Bett herumgewälzt haben. Die Abwärtsspirale endet jedoch in dem Augenblick, in dem Sie sich zur Wahrheit bekennen. Wenn Sie die eigentliche Quelle des Gefühls finden (gewöhnlich irgendeine frühere Domestizierung oder derzeitige Anhaftung), können Sie dieses Wissen als ein Instrument der Wandlung nutzen.

Fragen Sie sich jedes Mal, wenn Sie in eine Fallgrube tappen und gleichsam automatisch reagieren, statt eine Situation bewusst wahrzunehmen: »Wovor habe ich Angst?« Sobald Sie dies erforscht haben, können Sie noch mehr in die Tiefe gehen, um die Quelle der Angst zu finden. Emotionale Reaktionen werden immer wieder auftauchen und Macht über Sie ausüben, bis Sie sich mit Ihren unterschwelligen ungelösten Ängsten auseinandersetzen. Die gute Nachricht lautet: Sobald Sie herausgefunden haben, wovor Sie Angst haben, und diese Angst loslassen, hat die Situation keine Macht mehr über Sie.

Konflikte lösen

Im Traum des Planeten handeln die Menschen häufig nicht so, wie Sie es sich wünschen, oder so, wie Sie es Ihrer Meinung nach tun sollten. Sie werden nicht immer mit Ihren Überzeugungen oder Ihren Ideen übereinstimmen. Das wirft die Frage auf: Wie reagieren Sie, wenn sich andere nicht so verhalten, wie Sie es gerne hätten? Versuchen Sie, ihnen Ihren Willen aufzudrängen und sie mit Ihrer Sichtweise zu unterjochen? Oder sind Sie fähig, sich zu überwinden und den Standpunkt der anderen zu respektieren?

Diese Übung hilft Ihnen dabei, es herauszufinden. Denken Sie als Erstes an einen kürzlichen Konflikt mit einer anderen Person. Das könnte etwas sein, das sich zu Hause, bei der Arbeit, in der Schule etc. zugetragen hat – jeder Fall, in dem Sie und eine andere Person unterschiedliche Standpunkte vertraten. Notieren Sie den Konflikt auf ein Blatt Papier. Beantworten Sie dann folgende Fragen:

- Welchen Glaubenssatz versuchten Sie der anderen Person bei diesem Konflikt aufzudrängen? (Hier geht es nicht darum, zu beurteilen, ob ein Glaubenssatz »richtig« oder »falsch« ist, sondern darum, sich bewusst zu werden, was sich überhaupt hinter dem Glaubenssatz verbirgt.)

- Wissen Sie, woher dieser Glaubenssatz stammte?

- Wollen Sie diesen Glaubenssatz aufrechterhalten? Hier gibt es keine richtigen oder falschen Antworten. Es ist in Ordnung, wenn der Glaubenssatz richtig für Sie ist, und es ist ebenfalls in Ordnung, wenn er es nicht ist. Es geht darum, Bescheid zu wissen, damit Sie nicht weiterhin um einen Glaubenssatz kämpfen, an den Sie nicht mehr glauben, da dieser eine Domestizierung in Aktion darstellt.

- Wie haben Sie die andere Person behandelt, als sie Ihnen nicht zustimmte? Haben Sie ihren Standpunkt respektiert oder haben Sie versucht, sie dazu zu zwingen, Ihre Sichtweise zu übernehmen?

- Worin besteht Ihrer Meinung nach der Glaubenssatz der anderen Person? Können Sie dieselbe Situation aus einer anderen Perspektive sehen? Können Sie erkennen, dass der Glaubenssatz der anderen Person für sie gültig ist?

- Wie wollen Sie handeln, wenn erneut ein Konflikt wie dieser entsteht? Gibt es eine Möglichkeit, sich auf eine andere Person einzulassen, authentisch zu sein und nicht zu versuchen, die andere Person zu verändern oder sie zu unterjochen?

Als ein Meister bzw. eine Meisterin des Selbst wissen Sie, dass es unmöglich ist, jeglichem Konflikt aus dem Weg zu gehen. Wenn sich also ein Konflikt abzeichnet, besteht Ihre Aufgabe darin, ihn näher zu untersuchen und festzustellen, was im Augenblick für Sie gültig ist, und eine Möglichkeit zu finden, Ihre eigenen Überzeugungen zu würdigen, dabei aber gleichzeitig die Entscheidungen und Überzeugungen anderer zu respektieren. Wiederholen Sie diese Übung, sooft Sie mit jemandem in Konflikt geraten.

Die folgende Übung wird Ihnen helfen, geerdet und in Kontakt mit Ihren Gefühlen zu bleiben. Der Fokus liegt darauf, den Menschen in Ihrem Leben, die andere Überzeugungen und Wertvorstellungen haben als Sie, zuzuhören.

Wählen Sie eine Ihnen nahestehende Person und stellen Sie ihr eine Frage zu einem Thema, über das Sie uneinig sind. Und dann hören Sie zu. Dies ist nicht der Moment, Ihre eigenen Meinungen zu offenbaren. Hören Sie einfach zu. Bitten Sie die Person, ihre Meinung weiter auszuführen, ohne die Ihrige infrage zu stellen oder kleinzureden. Und während sie spricht, tun Sie Folgendes:

Beobachten Sie die Körpersprache der Person beim Reden.

Nehmen Sie wahr, wie sich der Gesichtsausdruck und das Verhalten der Person verändern, wenn sie einfach versucht, ihre Meinung kundzutun, statt Sie zu überzeugen oder zu bekehren. Wie fühlen Sie sich, wenn diese Person zwischen Mitteilung und Überzeugungsarbeit schwankt? Können Sie in Ihrem Inneren den Unterschied spüren? Denn von hier gehen Ihre Reaktionen auf das Thema aus – nicht von den Worten, sondern von Ihrem Inneren.

Versuchen Sie zu verstehen, woher Ihre Reaktionen stammen.

Wenn Sie zuhören, denken Sie daran, dass diese Person vermutlich eine Erfahrung oder Domestizierung erlebt hat, die ihre Weltanschauung prägt. Erkunden Sie, woher die Sichtweise der Person rührt, statt sie als falsch anzusehen, und versuchen Sie, ihre Anhaftungen zu verstehen. Schließlich spielt es keine Rolle, ob Sie recht haben.

Hören Sie zu, ohne Ihre Antwort im Voraus zu planen.

Versuchen Sie einfach, der Person zuzuhören, ohne sich eine Erwiderung zurechtzulegen. Sie können nicht aufmerksam zuhören, solange Sie Ihre Aufmerksamkeit auf Ihre eigene Erwiderung fokussieren, während die andere Person spricht. Indem Sie darauf verzichten, in Gedanken bereits eine Widerrede zu formulieren, können Sie besser zuhören, ohne dass Ihnen Ihre eigene Projektion im Weg steht.

Äußern Sie Ihre Meinung erst, nachdem Ihr Gegenüber zu reden aufgehört hat, und auch nur dann, wenn diese Person Sie danach fragt.

Geben Sie ihr als Erstes zu verstehen, dass Sie ihren Standpunkt wertschätzen. Ermitteln Sie dann alle Punkte, über die Sie möglicherweise gleicher Meinung sind, und fassen Sie sie zusammen. Das ist ein Zeichen des Respekts und gibt Ihrem Gesprächspartner zu verstehen, dass ihm zugehört wurde. Vielleicht schafft dies die Voraussetzung dafür, dass der andere wiederum Ihnen Respekt zollt. Und erläutern Sie als Letztes Ihre Sichtweise voller Respekt.

Erkennen Sie Ihre eigenen Anhaftungen.

Nutzen Sie schließlich diese Übung als Möglichkeit, zuzuhören und die Welt aus einer anderen Sichtweise zu betrachten, egal, ob Sie sie teilen oder nicht. Stellen Sie fest, ob Ihre eigenen Anhaftungen Ihre Sicht der Dinge trüben. Mit anderen Worten: Könnte diese Person in irgendeinem Punkt recht haben?

Nehmen Sie Ihre eigenen Gefühle wahr.

Beachten Sie alle negativen Gefühle, die sich beim Zuhören in Ihnen aufbauen. Empfinden Sie zum Beispiel Angst? Wut? Traurigkeit? Woher rühren diese Emotionen? Wenn diese Gefühle sich bei Ihnen zeigen und Sie herausfinden, woher sie stammen, werden Sie erkennen, welches Geschenk in ihnen verborgen ist.

Wenn Sie diese Übung mit Ihrer Familie und Ihren Freunden machen, wird sie Ihnen dabei helfen, sich voller Respekt mit anderen auseinanderzusetzen und sich dabei Ihrer eigenen Gefühle bewusst zu werden. Falls es für Sie mit der Familie zu viel ist, üben Sie mit Ihren Bekannten und arbeiten Sie sich bis zum inneren Kreis vor. Das wird Ihnen nicht nur zu größerem Respekt gegenüber anderen verhelfen, Sie werden sich auch der Glaubenssätze und Anhaftungen, die Ihren Persönlichen Traum leiten, bewusster. Vielleicht werden Sie auch offener gegenüber jenen, die anders sind oder eine andere Weltsicht haben als Sie. Somit entwickeln Sie Akzeptanz gegenüber allen anderen, ohne jegliche Vorurteile oder Bedingungen.

Ihren Willen kontrollieren

Baut sich eine emotionale Reaktion in Ihnen auf, erfordert es eventuell all Ihre Willenskraft, sich nicht ködern zu lassen und nicht in die Fallgrube zu tappen.

Die folgende toltekische Übung soll nicht nur Ihren Willen stärken, sondern auch Ihr Gemüt beruhigen:

Suchen Sie sich einen sicheren Platz aus, wo Sie nicht gestört werden. Wählen Sie einen Stuhl mit einer geraden Rückenlehne und nehmen Sie so darauf Platz, dass Ihre Knie einen Neunzig-Grad-Winkel bilden. Stellen Sie einen Timer auf 5 Minuten ein.

Schließen Sie die Augen und konzentrieren Sie sich auf Ihren Atem. Verharren Sie während der 5 Minuten reglos – kratzen Sie sich nicht einmal an der Nase und nehmen Sie auch keine bequemere Position ein. Sollten Sie sich bewegen, stellen Sie den Timer erneut. Geben Sie nicht der Versuchung nach, irgendein Körperteil zu bewegen.

Der Zweck dieser Übung ist es, herauszufinden, wie stark Ihr Wille ist, indem Sie Ihren Körper ruhig halten. Wenn es Ihnen gelungen ist, die 5 Minuten durchzuhalten, können Sie die Zeitdauer auf 15 oder sogar 30 Minuten erhöhen. Doch bevor Sie den Timer auf eine längere Ablaufzeit einstellen, erwägen Sie, der Übung folgendes Element hinzuzufügen:

Wiederholen Sie alle vorherigen Schritte, stellen Sie sich aber, nachdem Sie Platz genommen haben, vor, dass Sie allein am Strand sitzen und nichts anderes als Sand, Wasser und Sonne um sich haben. Es ist jetzt an der Zeit, zu laufen. Stellen Sie sich vor, wie Sie laufen und den Sand, das Wasser und die kühle Meeresluft spüren. Wenn sich Ihnen dieses Bild eingeprägt hat, verspüren Sie vielleicht den Wunsch, Ihren Körper zu bewegen. Entscheiden Sie sich dafür, ihn ruhig zu halten, ohne sich aus der Übung auszuklinken.

Falls Sie von einem Gedankengang gefangen genommen werden, der Sie vom Strand wegführt, oder wenn Sie ein Körperteil bewegen, stellen Sie den Timer erneut und fangen Sie wieder von vorne an. Das wiederholen Sie so lange, bis Sie 5 oder 15 Minuten durchhalten.

Wie Sie vermutlich feststellen werden, ist es schwieriger, Ihre geistige Willenskraft zu stärken als die Ihres Körpers.

Diese beiden Übungen können helfen, Ihren Willen zu stärken, sodass Sie in Situationen, in denen Sie früher emotional reagiert hätten, eine bewusste Entscheidung treffen können.

Im nächsten Kapitel werden wir alle Entscheidungen, die Sie treffen, näher in Augenschein nehmen, sodass Sie feststellen können, ob sie ein Ergebnis Ihres freien Willens sind oder aber einer Gewohnheit, die aufgrund Ihrer Domestizierung und Ihrer Anhaftungen entstanden ist.

6

DEN ZYKLUS DES AUTOMATISCHEN DURCHBRECHEN

Als die Europäer erstmals auf die Indianerstämme der nordamerikanischen Prärien stießen, wurden sie von einer kleinen Gruppe Stammesangehöriger, die sich anders verhielten als die restliche Gruppe, vor ein Rätsel gestellt. Diese Stammesangehörigen ritten rückwärts zu einer Schlacht und sagten »Auf Wiedersehen«, wenn jemand sie mit »Hallo« begrüßte, und taten oder sagten ständig etwas, das der herrschenden Norm entgegengesetzt war. Die Europäer, die den Nebel nicht durchdringen konnten, fanden diese Krieger amüsant und bezeichneten sie als »Clown-Soldaten«.

Die Europäer erkannten jedoch nicht, dass diese Krieger sich nicht so verhielten, um für andere unterhaltsam zu sein; sie spielten vielmehr in ihrem Stamm eine ganz besondere, ja schamanische Rolle. Moderne Gelehrte bezeichnen sie eher als »Konträrkrieger«, nicht als Clowns.

Wenn ich die Rolle dieser Krieger näher betrachte, ist mir klar, dass sie Folgendes begriffen hatten: Ohne Bewusstheit würden Handlungen, die wiederholt ausgeführt wurden, die geistige Fähigkeit der Menschen einschränken, alle verfügbaren Optionen wahrzunehmen. Da diese Krieger es sich angewöhnt hatten, in entgegengesetzter Weise auf Situationen zu reagieren, stellten sie ständig das konventionelle Denken des Stammes infrage und provozierten die Stammesangehörigen, ihre Vereinbarungen zu überprüfen sowie alle Optionen und Möglichkeiten abzuwägen. Das Gleiche möchte ich für Sie.

Wenn Sie sich selbst und andere im Traum des Planeten beobachten, werden Sie feststellen, dass Sie und die meisten anderen Menschen jeden Tag mannigfache Entscheidungen treffen, ohne alle verfügbaren Optionen in Erwägung zu ziehen. Diese Gewohnheit scheint für beinahe jeden normal zu sein. So stellen Ihr täglicher Arbeitsweg oder Ihre Entscheidung, in welcher Hand Sie die Zahnbürste halten, eine automatische Entscheidung dar.

All dies ist zur Routine geworden, und das Ergebnis wird als bekannt vorausgesetzt. Wenn Sie wie die meisten Menschen sind, treffen Sie diese Entscheidungen, ohne allzu sehr darüber nachzudenken. Dementsprechend ist es leicht, durch den Tag zu gehen, ohne die Möglichkeiten zu erwägen oder sich überhaupt der Tatsache bewusst zu sein, dass andere Optionen existieren. Bis es zum Beispiel wegen Bauarbeiten eine Umleitung gibt oder Sie sich das Handgelenk verstauchen und Ihre Zähne mit der anderen Hand putzen müssen.

Bei unbedeutenden Dingen mag es akzeptabel erscheinen, automatisch Entscheidungen zu treffen, doch wenn Sie nicht aufpassen, kann es geschehen, dass Sie irgendwann per Autopilot durchs Leben gehen – ein Verhalten, das dann auch auf wichtigere Bereiche übergreifen wird.

Mit anderen Worten: Wenn Sie es sich angewöhnt haben, bei all den kleinen Wahlmöglichkeiten automatische Entscheidungen zu treffen, kann es sich als schwieriger erweisen, innezuhalten und über die größeren Optionen nachzudenken, wenn sie Ihnen angeboten werden. Das gilt ganz besonders für den Fall, dass Ihre Domestizierung und Ihre Anhaftungen Sie zu kontrollieren versuchen. In der toltekischen Tradition bezeichnen wir das als Leben im Zyklus des Automatischen.

Natürlich gibt es genügend Anlässe für automatische Entscheidungen, wie jene, die dem Körper in Notlagen helfen. Nehmen wir zum Beispiel an, dass Sie über einen Felsvorsprung gehen, wo Ihr Fuß den Halt verliert und ausrutscht. Ihr Körper und Geist reagieren sofort instinktiv, um Ihnen zu helfen, sich an der Kante des Felsvorsprungs festzuklammern, damit Sie nicht in den Tod stürzen. Wir sind uns sicher alle einig, dass dies eine sehr hilfreiche automatische Entscheidung darstellt – eine natürliche körperliche Reaktion.

Doch vergleichen Sie dieses Szenario einmal mit anderen: Angenommen, eine gut aussehende Person betritt den Raum, und Ihr erster Gedanke ist: »Nie und nimmer würde sie sich für jemanden wie mich interessieren, ich werde es nicht einmal versuchen.« Oder Sie sehen ein Stellenangebot und überlegen: »Ich werde mich nicht dafür bewerben, denn jemanden wie mich wird man nicht einstellen.« In solchen Situationen können Sie erkennen, an welcher Stelle Ihre Handlungen durch Ihre Domestizierung und Ihre Anhaftungen auf eine Weise eingeschränkt wurden, die dem widerspricht, was Sie wirklich wollen.

Jemanden nicht anzusprechen, den Sie gerne kennenlernen würden, oder sich nicht für einen Job zu bewerben, den Sie gerne hätten, ist nicht vergleichbar damit, dass unser Körper instinktiv handelt. Bei den geschilderten Beispielen handelt es sich um erlernte Verhaltensweisen; sie wurzeln in einer aus Ihrer Vergangenheit stammenden Domestizierung, die besagt, Sie seien »nicht gut genug«. Ohne Überprüfung wird die Anhaftung an diese Überzeugung Sie derart kontrollieren, dass jede Wahl, die Sie zu haben glauben, eine Illusion ist. Ein Meister des Selbst kultiviert die Praxis der Wahrnehmung und ist sich dabei der Entscheidungen, die er trifft, bewusst, sodass sie sein Authentisches Selbst widerspiegeln.

Nur wenn wir die Praxis der Wahrnehmung kultiviert haben, können wir herausfinden, ob unsere Entscheidungen darauf beruhen, was wir wirklich wollen, oder ob sie auf unserer Domestizierung und unseren Anhaftungen basieren. Solange wir im Nebel feststecken, wird sogar die Überzeugung, dass wir eine Wahl haben, zu einer auf uns selbst projizierten Illusion. Ohne die Fesseln unserer Vergangenheit zu erkennen und uns von ihnen zu befreien, besitzen wir nicht den freien Willen, irgendwelche neuen Handlungen in Angriff zu nehmen. Wahrnehmung und Bewusstheit sind grundlegend, um zu begreifen, wo Ihre Domestizierung und Ihre Anhaftungen die Überzeugung, dass Sie eine Wahl haben, zur Illusion haben werden lassen.

Obwohl ich den Begriff »Wahrnehmung« bereits viele Male in diesem Buch verwendet habe, möchte ich seine Bedeutung hier einmal näher beleuchten. Wahrnehmung ist der Vorgang, bei dem Sie Ihre Aufmerksamkeit in der Gegenwart auf Ihren Körper, Ihren Geist und Ihr Umfeld richten. Wahrnehmung ist eine einmalige Praxis, denn Sie beobachten nicht nur, was in der Außenwelt vor sich geht, sondern auch, was sich in Ihrem »Kopf« abspielt. Sie bemerken, welche Gedanken aufkommen, und ergründen ihren Ursprung. Die Praxis der Wahrnehmung ist ein Eckpfeiler der Selbst-Meisterung, denn sie ist die primäre Möglichkeit, etwas über sich selbst zu erfahren: über Ihre Vorlieben, Ihre Abneigungen, Ihre Domestizierung und Ihre Anhaftungen. Wahrnehmung ist eine bewusste Gemeinschaft mit Ihnen selbst sowie mit Ihrem Umfeld.

Ein weiterer wichtiger Vorteil, Ihre Gedanken wahrzunehmen und zu beobachten, wie sie kommen und wieder gehen, besteht darin, eine in einem vorherigen Kapitel erläuterte Wahrheit zu erkennen – nämlich, dass Sie nicht Ihre Gedanken sind! Ihre Gedanken sind einfach Erzähler. Und Sie selbst sind die bewusste Energie, die diese Gedanken ermöglicht. In der *»Kena Upanishad«*, einem alten indischen Text, gibt es einen wunderschönen Absatz, der sehr treffend auf das Wesen der Wahrnehmung und des Authentischen Selbst hinweist:

Nicht das, was man mit dem Auge sehen kann,
sondern das, wodurch das Auge sehen kann …
Nicht das, was man mit dem Ohr hören kann,
sondern das, wodurch das Ohr hören kann …
Nicht das, was mit Worten ausgedrückt werden kann,
sondern das, wodurch Worte geäußert werden können …
Nicht das, was der Geist denken kann,
sondern das, wodurch der Geist denken kann …

Wenn Sie mittels der Praxis der Wahrnehmung etwas über sich erfahren, können Sie Entscheidungen entsprechend Ihren wahren Vorlieben treffen statt aufgrund vergangener Domestizierung und Anhaftungen. Das verleiht Ihnen die Freiheit, Ihren Willen auf bestmögliche Weise zu trainieren, um Ihren Persönlichen Traum und den Traum des Planeten weiterzuentwickeln.

Ohne Wahrnehmung werden Sie von Ihrer Domestizierung und Ihren Anhaftungen dazu getrieben, Handlungen vorzunehmen, die den von Ihnen aufgestellten Glaubenssätzen entsprechen. Das ist kein freier Wille, da Sie Ihre persönliche Freiheit aufgegeben haben, um Überzeugungen aufrechtzuerhalten, die Ihnen vor langer Zeit eingetrichtert wurden. Wenn Sie im Kreislauf des Automatischen gefangen sind, handeln Sie per definitionem ohne Bewusstsein. Sie haben Ihre wahre Identität gegen eine »eingehandelt«, die Sie Ihrer Ansicht nach haben sollten. Wenn Sie Ihr Leben derart auf Autopilot einstellen, ohne Wahrnehmung der Möglichkeiten und Chancen, die sich jeden Moment von Neuem auftun, werden Sie immer wieder in die gleiche Situation geraten, die gleichen Entscheidungen treffen ... und sich dann fragen, warum sich nie etwas ändert.

Weitere Manifestationen des Zyklus des Automatischen

Denken Sie an die Menschen, mit denen Sie regelmäßigen Kontakt pflegen. Sehen Sie sie wirklich jedes Mal so, wie sie im Augenblick sind? Oder nehmen Sie automatisch an, die Person zu kennen, sodass Sie letztlich nur das Bild sehen, das Sie von ihr im Kopf haben? Ohne Wahrnehmung stellt Ihr Geist gewisse Vermutungen an; sie gründen auf den Erfahrungen, die Sie mit der betreffenden Person gesammelt haben. Folglich sehen Sie nicht, wer sie heute ist, sondern sprechen ihr eine überholte Identität zu, die auf Ihrer gemeinsamen Vergangenheit basiert. Somit kann jemand, der Ihnen nahesteht, sich verändern oder es zumindest versuchen, ohne dass Sie es sehen, weil Sie an dem aus der Vergangenheit stammenden Bild festhalten, das Sie von dieser Person haben.

Das bedeutet nicht, dass Sie Ihre vergangenen Erfahrungen mit jemandem nicht berücksichtigen sollten, wenn Sie in der Gegenwart Entscheidungen treffen. Aber wenn Sie die Augen offen halten, können Sie erkennen, dass wir alle ständig im Wandel begriffen sind. Die Person, die Ihnen jetzt gegenübersteht, ist nicht dieselbe, die Sie gestern erlebt haben. Der Unterschied kann gering oder aber bedeutsam sein – er ist jedenfalls zweifellos vorhanden.

Ein weiteres verbreitetes Missverständnis tritt auf, wenn Sie eine automatische Reaktion durch ihr Gegenteil ersetzen und es dann mit einer bewussten Entscheidung verwechseln. Ich erlebe das häufig bei Menschen, die versuchen, die Glaubenssätze ihrer Kindheit aufzubrechen. Wenn Sie einer Überzeugung, die Ihnen als Kind aufgezwungen wurde, heftig widersprechen, kann das in eine generelle Rebellion ausarten, sodass Sie vielleicht genau das Gegenteil tun. Ihre Intentionen mögen zwar edel sein, doch es hat nichts mit dem freien Willen zu tun, wenn Sie nur deswegen das Gegenteil tun, damit Sie völlig anders sind, denn beide Aktionen sind Teil des Zyklus des Automatischen. Sie nehmen sich nicht die Zeit, Frieden mit Ihrer Vergangenheit zu schließen, alle verfügbaren Optionen zu prüfen und festzustellen, ob es eine weitere Option gibt, die Sie bevorzugen. Sie lehnen stattdessen lediglich die Überzeugung einer anderen Person ab, wie Sie Ihr Leben gestalten sollten, und stellen sich vollkommen dagegen. Auf diese Weise geben Sie Ihrer Domestizierung nach wie vor viel Macht, doch diesmal umgekehrt, indem Sie zulassen, dass die Entscheidung für das Gegenteil eine Identität für Sie schafft.

Die Entscheidung für das Gegenteil nur um des Gegenteils willen ist häufig angstbestimmt, und jede Entscheidung, die von Angst bestimmt wird, ist keine freie Wahl, selbst wenn sie noch so gut gemeint ist.

Nachdem Sie alle Optionen begutachtet haben, mögen Sie sich vielleicht nach wie vor für das Gegenteil entscheiden, doch der Unterschied besteht darin, dass es sich jetzt um eine bewusste Wahl handelt, die auf klarem Bewusstsein gründet, und nicht um eine rückschrittliche Gegenreaktion. Und Ihr Handeln wird in diesem Fall von Selbstliebe und nicht von Angst geleitet sein.

Statt an einer automatischen Entscheidung oder an deren Gegenteil festzuhalten, können wir uns dank unserer Wahrnehmung aller vorhandenen Möglichkeiten bewusst sein. Sie sind sich nicht nur jeglicher Domestizierung bewusst, die Ihre Entscheidungen kontrollieren möchte, sondern auch Ihrer Reaktion auf diese Domestizierung. Wenn Sie sich beider Wahlmöglichkeiten bewusst sind, können Sie frei wählen, was Sie in der Gegenwart glücklich macht.

Der erste Schritt, den Zyklus des Automatischen zu durchbrechen, besteht darin, innezuhalten, bevor man eine Entscheidung fällt oder handelt, und darüber nachzudenken, was man in einer bestimmten Situation wirklich will, statt eine automatische Wahl zu treffen. Wenn Sie sich einen Augenblick Zeit gönnen, um in der Gegenwart zu verharren und sich die Frage zu stellen: »Was will ich gerade jetzt wirklich?«, wird Sie die Antwort in einigen Fällen eventuell überraschen.

Indem Sie in der Praxis der Wahrnehmung Fortschritte machen, erfahren Sie mehr über Ihre wahren Vorlieben und Sie gewinnen Vertrauen in Ihren eigenen Willen. Im umgekehrten Fall werden Sie Folgendes erkennen: Je mehr Sie sich Ihrer derzeitigen Domestizierung und Ihrer Anhaftungen bewusst werden, desto klarer werden Sie erkennen, wie sie Sie dazu gebracht haben, in Ihrem Alltag automatische Entscheidungen und Beurteilungen zu fällen. Das ist der erste Schritt, um Ihren Willen und Ihre Wahlfreiheit zurückzugewinnen, denn je mehr Sie die Wahrnehmung üben, desto weniger automatisch werden Ihre Entscheidungen und Beurteilungen erfolgen.

Übung macht den Meister

Bewusst verschiedene Entscheidungen zu treffen, kann beängstigend sein. Sie verlassen dabei Ihre Komfortzone und wagen sich ins Unbekannte vor. Ein Meister des Selbst zu sein, heißt absolut nicht, dass Sie keine Angst haben, wenn Sie eine Wahl treffen, besonders, wenn diese die Grenzen übersteigt, die Sie sich zuvor gesetzt haben, und Sie somit in eine neue Situation versetzt. Allerdings kann sich nur im Bereich des Unbekannten ein echter Wandel vollziehen und eine Wahl getroffen werden, die Sie machen müssen, um sich trotz aller eventueller Ängste weiterzuentwickeln. Diese Situation ist aber eine völlig andere, als wenn Sie es der Angst erlauben, Ihre Entscheidung zu bestimmen. Das ist eine offensichtliche Wahrheit, die den Menschen häufig entgeht.

Beginnen Sie, diese Tools anzuwenden, werden Sie mit großer Wahrscheinlichkeit gelegentlich in alte Gewohnheiten zurückfallen und automatische Entscheidungen treffen oder etwas wählen, das nicht im Einklang mit Ihrem Authentischen Selbst steht. Erinnern Sie sich daran, in solchen Augenblicken behutsam mit sich selbst umzugehen, denn wenn Sie beginnen, einen neuen Persönlichen Traum zu kreieren, gibt es ein natürliches Hin und Her zwischen automatischen Reaktionen und Wahrnehmung, zwischen bedingter und bedingungsloser Liebe, zwischen Domestizierung und Freiheit. Indem Sie lernen, Ihre Domestizierung und Ihre Anhaftungen ausfindig zu machen und loszulassen, wird diese Wahrnehmung Sie viel eher bei Ihren Entscheidungen leiten.

Wahrnehmung ist das Tool, um sich auf Ihre Intention zu fokussieren und den Zyklus des Automatischen zu durchbrechen. Die regelmäßige Übung wird Sie zu einem Meister bzw. einer Meisterin machen.

Konträrkrieger-Praktik

Experimentieren Sie in den nächsten Tagen damit, Kleinigkeiten anders auszuführen, als Sie es normalerweise tun. Falls Sie zum Beispiel gewöhnlich Ihre Zähne mit der linken Hand putzen, versuchen Sie es jetzt mit der rechten. Ziehen Sie zuerst den anderen Schuh an, nehmen Sie einen anderen Weg zur Arbeit, wählen Sie einen anderen Sitzplatz in der U-Bahn als sonst usw.

Das mag zwar einfach erscheinen, doch die sorgfältige Durchführung dieser Übung wird Ihnen auf dreierlei Art helfen. Erstens: Indem Sie sich all der kleinen Wahlmöglichkeiten, die sich Ihnen im Lauf eines Tages bieten, bewusst werden und einen Weg einschlagen, der sich von Ihrem üblichen unterscheidet, werden Sie Ihren Geist darauf trainieren, zu beobachten, was gerade geschieht, statt herumzuschweifen, wie er es üblicherweise tut, wenn er eine Entscheidung als »unwichtig« abtut. Zweitens: Indem Sie unterschiedliche Entscheidungen in Bezug auf kleine Dinge treffen (von denen Sie einige vielleicht schließlich Ihrer normalen Wahl vorziehen), stellen Sie sich darauf ein, die Frage zu beantworten: »Was will ich jetzt gerade wirklich?«, sobald sich größere Entscheidungen abzeichnen. Und drittens: Indem Sie im Hinblick auf die kleinen Dinge in Ihrem Leben unterschiedliche Entscheidungen treffen und die Vielzahl der Möglichkeiten entdecken, werden Sie sich ins Unbekannte vorwagen oder dorthin, wo sich die eigentliche Transformation vollziehen kann.

Ihre Wahrnehmungsfähigkeiten entwickeln

Ständig geschehen in Ihnen und um Sie herum zahlreiche Dinge, von denen Sie viele nicht bemerken, weil Sie sich, wie viele Menschen, von den Geschichten Ihrer Erzähler einlullen lassen, statt im jeweiligen Augenblick präsent zu sein. Sie brauchen sich deswegen nicht zu geißeln, denn es ist einfach der augenblicklich vorherrschende Zustand im Traum des Planeten.

Mit dieser Übung werden Sie Ihre Wahrnehmungsfähigkeiten durch Beobachtung entwickeln. Sie benötigen dafür einen Timer oder eine Stoppuhr, da Sie die Übung anfangs 2 bis 3 Minuten lang ausführen und sich dann allmählich auf 15 bis 20 Minuten steigern sollten.

Lesen Sie die Schritte, die in den folgenden Absätzen aufgeführt sind, ein- bis zweimal durch, stellen Sie den Timer und führen Sie die Schritte dann, basierend auf dem Gelesenen, aus dem Gedächtnis aus.

Machen Sie sich keine Gedanken, falls Sie sich nicht an alle Schritte erinnern. Sie werden sich von Übung zu Übung verbessern.

- Nehmen Sie in einem ruhigen Raum Platz. Schalten Sie den Fernseher, das Radio oder sonstige Geräte, die Ihre Aufmerksamkeit in Anspruch nehmen könnten, aus. Stellen Sie den Timer ein und schließen Sie die Augen.

- Lenken Sie als Nächstes Ihre Aufmerksamkeit bewusst auf den gegenwärtigen Augenblick. Das erreichen Sie vor allem, indem Sie sich zugestehen, in den nächsten Minuten nicht über die Zukunft oder die Vergangenheit nachdenken zu müssen. Anfangs sträubt sich der Verstand häufig gegen diese Vorstellung, weil er sich gern in der Vergangenheit und Zukunft aufhält.

- Während Sie ruhig im gegenwärtigen Augenblick verharren, richten Sie Ihr Bewusstsein auf Ihre Ohren und versuchen Sie zu ergründen, was außerhalb von Ihnen geschieht. Stellen Sie fest, welche Laute Sie hören, zum Beispiel das Summen des Kühlschranks, das Ticken einer Uhr, das Vogelgezwitscher in der Ferne und das Geräusch Ihres eigenen Atems. Das sind die Geräusche, die der Verstand gewöhnlich nicht mitbekommt, weil sein Erzähler sie als »unwichtig« erachtet. Wenn Sie intensiv zuhören, können Sie auch die Stille hören, die direkt hinter diesen Geräuschen existiert.

- Verharren Sie in aller Ruhe im gegenwärtigen Moment, lauschen Sie dem, was um Sie herum geschieht, und richten Sie dann Ihre Aufmerksamkeit auf Ihr Inneres. Spüren Sie Ihren Körper in allen Bereichen, indem Sie ihn mit den Sinnen und nicht mit dem Verstand wahrnehmen, wo gewöhnlich die Aufmerksamkeit angesiedelt ist, und mustern Sie Ihren Körper bis zu den Zehen hinunter. Sie sind weitaus mehr als nur Ihr Verstand. Nehmen Sie alle Bereiche der Anspannung, der Schwere oder des Unbehagens wahr.

- Richten Sie Ihre Aufmerksamkeit auf Ihren Atem. Wir Menschen atmen täglich über zwanzigtausendmal ein, aber an vielen Tagen nehmen wir nicht einmal einen einzigen Atemzug wahr.

- Lenken Sie nun beim Einatmen Ihren Atem zu den Bereichen der Anspannung, der Schwere oder des Unbehagens in Ihrem Körper und stellen Sie sich vor, dass Ihr Atem beim Ausatmen diese negativen Gefühle hinwegschwemmt. Verharren Sie mit geschlossenen Augen in dieser gegenwärtigen Wahrnehmung und lassen Sie die Vergangenheit und die Zukunft los. Lauschen Sie Ihrer Außenwelt und spüren Sie Ihren Körper in seiner Gesamtheit.

- Beobachten Sie während des ganzen Prozesses, welche Gedanken aufkommen. Versuchen Sie nicht, irgendwelche Gedanken zu bekämpfen oder zu kontrollieren. Sollten Sie aber merken, dass Sie sich in einen Gedankengang verstrickt haben, lenken Sie Ihre Aufmerksamkeit wieder auf den gegenwärtigen Augenblick, lauschen Sie der Außenwelt und spüren Sie Ihren gesamten Körper sowie Ihren Atem.

- Öffnen Sie die Augen, wenn der Timer piept, und tragen Sie diese Erfahrung des gegenwärtigen Augenblicks in die Welt.

Wenn die Übung vorüber ist, erstellen Sie im Geiste eine Liste der emporgestiegenen Gedanken. Welche Kategorie war vorherrschend?

Die Gedanken, die am häufigsten auftauchten, sind Indikatoren für das, was für Sie als Person wichtig ist, und sie schließen vermutlich Bereiche mit ein, in denen Sie – metaphorisch gesprochen – eine Maske tragen, sobald Sie in die Welt hinausgehen.

Im nächsten Kapitel werden wir das Konzept der Masken und deren sachgemäße Verwendung untersuchen.

7

MANNIGFALTIGE MASKEN

Haben Sie es je bemerkt, während Sie sich auf den Traum des Planeten und die schönen Wesen einlassen, die Ihren Traum teilen: dass Sie häufig ein Bild oder eine Identität davon entwerfen, wie Sie von anderen Menschen in der Welt gesehen werden möchten? Das ist ein ganz normaler Teil unserer Existenz. Eine derartige Rolle zu spielen, kann tatsächlich ein hilfreiches Instrument sein, wenn Sie sich durch die Welt bewegen. Denn dadurch fällt es Ihnen leichter, eine Beziehung zu anderen herzustellen, und umgekehrt. Wahrscheinlich wird auch jede dieser Identitäten oder Rollen, die Sie entwerfen, von Ihnen leicht abgeändert, um sich an Situationen oder Personen anzupassen. Vermutlich unterscheidet sich zum Beispiel das Bild, das Sie während eines Besuchs Ihrer Großeltern darbieten, erheblich von dem Bild, wenn Sie mit Ihren engsten Freunden zusammen sind.

In unserer toltekischen Tradition empfinden wir all diese Interaktionen gerade so, als hätten wir uns für kurze Zeit eine Maske geliehen oder uns eine vorübergehende Identität zugelegt, um auf eine spezielle Weise interagieren zu können. Die Menschen definieren und identifizieren sich mit anderen auf der Basis gemeinsamen Wissens, gemeinsamer Rollen oder gemeinsamer Erfahrungen durch das Tragen einer Maske. Sie stellt zwar ein Symbol dar, das es uns ermöglicht, einander besser zu verstehen, ist aber letztlich nur ein Symbol, dessen Definition von unserer Vereinbarung abhängt.

Die Masken, die ich trage, umfassen zum Beispiel auch meine Rolle als Ehemann, Vater, Autor, Lehrer, Schamane, Läufer und Fußballfan.

Andere Masken schließen unsere Art, miteinander über spezielle Interessensgebiete zu kommunizieren, mit ein. Während wir uns über Kunst, Yoga, Geschichte oder andere gemeinsame Themen unterhalten, fangen wir an, einander zu verstehen. Wir sehen uns dabei durch die Linse unserer gemeinsamen Interessen, da die Beziehungspflege mit Menschen, die unsere Leidenschaften teilen, es uns ermöglicht, unsere Worte und ihre Bedeutung auszufeilen. Wenn wir miteinander interagieren, fördern wir das gegenseitige intellektuelle und emotionale Verständnis. Solche Interaktionen ermöglichen es uns, den Traum des Planeten zu kokreieren.

Als ein Meister des Selbst beschäftige ich mich gerne mit dem Traum des Planeten. Ich kann mehrere Masken verwenden, um besser mit anderen in Kontakt zu treten und effektiver kokreieren zu können, doch tief in meinem Inneren weiß ich, dass keine dieser Masken mein wahres Ich darstellt. Eine Maske verkörpert lediglich das Wissen, das durch die Vereinbarungen geformt wurde, die wir zur Interaktion mit dem Leben und den Menschen nutzen. Eine

Maske ist eine Identität. Ich trage Masken, um mich besser durch den Traum des Planeten bewegen zu können, aber keine von ihnen kann je meine Lebenskraft, mein Authentisches Selbst umfassen. Wenn wir domestiziert werden, verbirgt die Maske, wer wir sind, und wir glauben, die Maske sei unser Ich. Aber wenn wir unsere Domestizierung losgelassen haben, verbergen weder die Masken noch wir selbst, wer wir sind. Sie verkörpern nur die Vereinbarungen, die durch unsere Verbundenheit geschaffen wurden und die Art und Weise geformt haben, wie wir einander sehen.

Die Tatsache, dass Sie keiner der Masken entsprechen, die Sie tragen, ist aus folgendem Grund wichtig: Wenn Sie glauben, irgendeine Rolle, Identität, Karriere, ein sozialer Status oder ein Interesse entspreche Ihrem wahren Ich, sind Sie in eine weitere Fallgrube getappt und Leid erwartet Sie schon an der nächsten Ecke. Das liegt daran, dass diese Rollen und Identitäten lediglich im Traum des Planeten existieren und wie alles andere im Traum Verfall und Tod unterliegen. Deshalb trägt ein Meister des Selbst jede Maske in dem vollen Bewusstsein, dass es sich lediglich um eine Maske handelt, eine vorübergehende Identität, die einer bestimmten Funktion dient. Bereitwillig nimmt er die Maske ab, sobald sie nicht länger benötigt wird.

Vielleicht braucht meine Frau einen Mann, der sie unterstützt, wenn sie mal einen schlechten Tag hat, und dann schenke ich ihr gern meine Zuneigung und biete ihr Sicherheit. Vielleicht benötigen mich meine Kinder zu unterschiedlichen Zeiten als Lehrer, als Freund, als Spielgefährte und ja, manchmal sogar als Zuchtmeister. Ich bin mir bewusst, dass es sich dabei um Masken handelt, die ich aufgesetzt habe. Und deshalb kann ich sie in dem Moment ablegen, in dem sie nicht länger benötigt werden. Sie werden nicht zu einer dauerhaften Identität, und ich versuche auch nicht, mich den Vorstellungen meiner Liebsten von mir anzupassen. Ich begreife nur, was sie im Augenblick von mir brauchen, und entscheide mich, auf eine Weise zu handeln, die ihnen meiner Meinung nach am meisten hilft.

Wenn Sie ein Bild von sich als Arbeiter, Student, Ehemann, Musiker, spirituell Suchender usw. erschaffen und diese Maske tragen, um mit anderen zu interagieren, wird Ihre Selbstakzeptanz in dem Augenblick, in dem Sie vergessen, dass es sich um eine Maske handelt, mit der Akzeptanz und dem Beifall anderer verknüpft, je nachdem, wie gut Sie diese Rolle spielen. Falls Sie den Maßstäben, die andere für diese Rollen aufgestellt haben, oder den Normen, die Sie sich selbst gesetzt haben, nicht gerecht werden, lehnen Sie sich ab. Dies ist ein weiteres Beispiel von Domestizierung und Selbstdomestizierung in Aktion, und sie erfolgt in dem Augenblick, in dem Sie jedwede Maske, die Sie tragen, mit Ihrer wahren Identität verwechseln. Klammern Sie sich zu sehr an eine Maske, ist Leid vorprogrammiert.

Wenn Sie sich mit einer Maske identifizieren, ergibt sich ein weiteres Problem, weil Sie häufig versuchen werden, diese Maske noch lange, nachdem sie nicht mehr benötigt wird, am Leben zu halten. Das geschieht im Traum des Planeten auf vielfache Weise, z.B. wenn Eltern versuchen, das Leben ihrer Kinder selbst dann noch zu managen, wenn diese erwachsen sind, oder wenn jemand weiterhin seine Selbstachtung darauf gründet, was er in der Vergangenheit, in den glorreichen Tagen, dargestellt hat. Beides sind gängige Beispiele dafür, was geschieht, wenn jemand an einer bestimmten Rolle festzuhalten versucht, obwohl sie ganz offensichtlich überholt ist. Wer auf diese Weise einer Illusion nachhängt, ist sich dessen häufig nicht bewusst. Aber sooft

Sie an etwas glauben, das nicht mehr gültig ist, ist das Ergebnis das Gleiche: Sie haben sich erneut im Nebel verirrt.

Dies führt uns zu einem wichtigen Punkt: Zur Selbst-Meisterung gehört es, sich von jeglicher Identität lösen zu können, die man im Traum des Planeten erworben hat. Sie und jeder Ihrer Bekannten ist zu der Überzeugung domestiziert worden, dass Ihr Name so und so lautet, dass Sie aus diesem oder jenem Ort stammen, dass Sie hier geboren wurden und dort aufgewachsen sind und dass Sie diese Dinge mögen und jene nicht.

Das bezeichne ich als »die ersten Masken«. Während sie zweifellos die Wahrheit auf einer bestimmten Stufe repräsentieren und im Traum des Planeten eine hilfreiche Funktion haben, sind all diese anschaulichen Attribute lediglich Masken; sie können nicht die Bewusstseinsenergie, das Authentische Selbst, das Sie sind, umfassen.

Ich bezeichne sie als die ersten Masken, weil Sie sie in der Kindheit erworben haben und sie durch Domestizierung auf Sie projiziert wurden. Im Traum des Planeten stellt das einen normalen Teil des Erwachsenwerdens dar, und zwar schon seit sehr, sehr langer Zeit. Diese ersten Masken gab es bereits vor Ihrer Geburt, sobald Ihre Eltern von Ihrer bevorstehenden Ankunft erfuhren. Als Ihnen diese Masken dann in der Kindheit übergeben wurden, machten Sie sich diese bald zu eigen, ohne zu erkennen, was Sie taten. Sie verhielten sich so, weil Sie feststellten, dass alle in Ihrem Umfeld eine Maske trugen und es in Ihrer Gesellschaft und Kultur normal war, dies zu tun. Um in Ihrer Familie akzeptiert zu werden, haben sich vielleicht einige von Ihnen dazu gezwungen, eine Maske zu tragen, obwohl Sie wussten, dass sie falsch war. Mit der Zeit verloren Sie die Verbindung zu

Ihrem Authentischen Selbst, sodass Sie vergaßen, dass Ihre Masken lediglich Masken waren, und Sie anfingen, an ihre Echtheit zu glauben.

Und so wurden Sie auf der Party berauscht und verirrten sich im Rauch und Nebel. Wenn Sie den Fehler begehen, sich selbst als diese Maske zu betrachten, identifizieren Sie sich mit ihr und halten sie für Ihr Authentisches Selbst. Sich seines Authentischen Selbst bewusst zu sein, heißt, sich als die Energie zu erleben, die Geist und Körper mit Leben erfüllt, mit der Kraft, die es Ihnen ermöglichte, die Maske überhaupt erst zu erschaffen. Als Meister bzw. Meisterin des Selbst sind Sie jetzt wach und nüchtern genug, um Ihr wahres Selbst wahrzunehmen. Sie verinnerlichen nicht länger die Identität oder die Geschichte, die die Maske symbolisiert. Das Ergebnis ist, dass Sie die Maske nach Belieben aufsetzen und wieder absetzen können.

Gestaltveränderung

Im Traum des Planeten sind die meisten Menschen, denen Sie begegnen, bis zu einem gewissen Grad berauscht, sodass sie nicht durch den Rauch und Nebel hindurchsehen können. Folglich projizieren sie das Bild oder die Identität, die sie sehen möchten, auf Sie, statt das zu erkennen, was wirklich vorhanden ist. Die Identität, die sie Ihnen zuweisen, basiert auf ihrer eigenen Domestizierung, ihren Anhaftungen und Vereinbarungen. Als Meister bzw. Meisterin des Selbst erkennen Sie dies, und es erlaubt Ihnen, *die Projektion anderer zu respektieren, besonders, wenn dies hilfreich ist.* Das nennt man Gestaltveränderung.

Das Wissen, dass andere eine Maske auf Sie projizieren, selbst wenn Sie beschlossen haben, Ihre Masken abzunehmen, ermöglicht es Ihnen, voller Bewusstsein und Mitgefühl eine Gestaltveränderung vorzunehmen, um sich der jeweiligen Situation anzupassen. Sieben Milliarden Menschen nehmen Sie auf sieben Milliarden Arten wahr, und jede einzelne dieser Masken repräsentiert die Art, wie eine einzelne Person Sie wahrnimmt. Ihr Bewusstsein ermöglicht es Ihnen, an keine dieser Projektionen zu glauben, da Sie keine Maske benötigen, um zu erfahren, wer Sie sind. Aber Sie respektieren nach wie vor, wie andere Sie wahrnehmen. Sie entscheiden sich, jede Maske als einen Spiegel zu betrachten, der verschiedene Aspekte von Ihnen widerspiegelt, von denen Sie entweder etwas lernen können oder nicht. Ein Gestaltveränderer ist gestaltlos, da das Leben selbst gestaltlos ist. Denken Sie daran: Das Wissen ist schöpferisch und gibt uns Gestalt. Somit verleiht uns eine Maske eine Gestalt in der Wahrnehmung anderer.

Lassen Sie uns zu dem Beispiel der Großmutter und des Enkels aus Kapitel 2 zurückkehren: Stellen Sie sich vor, der Junge sei inzwischen erwachsen und erkennt, dass ihn seine Großmutter früher darauf domestiziert hat, stets seinen Teller leer zu essen, auch wenn er nicht mehr hungrig war. Da er jetzt zur Bewusstheit erwacht ist, weiß er, dass es für ihn und seine Gesundheit besser ist, nicht weiterzuessen, wenn er satt ist, und er verwirft die Vorstellung, es sei eine Sünde, nicht aufzuessen, als ein Instrument der Domestizierung.

Das alles ist gut und schön – bis er an Thanksgiving seine Großmutter besucht. Wie Sie sich vorstellen können, projiziert sie nach wie vor die Identität ihres kleinen Jungen sowie die Domestizierung auf ihn, dass er aufessen muss.

Da er sie respektiert, wird er seiner Großmutter sicher nicht sagen: »Ich lehne deine Domestizierung ab und werde nicht *mehr* essen, als ich will.« Stattdessen erkennt er die Liebe, die ihrer Intention zugrunde liegt, trägt an Thanksgiving aufgrund seines Bewusstseins ihr zuliebe eine Maske und isst alles auf, was sie ihm serviert. Vielleicht jedoch entscheidet er sich, die Reste seiner Mahlzeit an seinen Hund unter dem Tisch zu verfüttern oder sie wegzuwerfen, wenn sie nicht herschaut, oder ihr behutsam zu erklären: »Nein, danke, Oma. Das Essen war köstlich, aber ich bin jetzt völlig satt.«

Bei all diesen Reaktionen entscheidet er sich dafür, ihren Persönlichen Traum nicht zu stören, denn er erkennt, dass es relativ bedeutungslos ist, ob er den Teller leer isst oder nicht, und er macht ihr zuliebe mit. Da er Frieden mit seiner Vergangenheit geschlossen hat, besteht keine Notwendigkeit, zu rebellieren oder seine Großmutter zu domestizieren, um zu erkennen, dass er recht hat. Seine Selbstachtung äußert sich durch sein Handeln. Auch wenn er sie nicht davon abhalten kann, eine Maske auf ihn zu projizieren, ist er sich bewusst, dass es seine Entscheidung ist, diese aufzusetzen oder nicht. Also agiert er jetzt im Bewusstsein seiner vergangenen Domestizierung und der vielen Möglichkeiten, die ihm im gegenwärtigen Moment zur Verfügung stehen, ohne sein Authentisches Selbst aus dem Blick zu verlieren.

Natürlich gibt es andere, ernstere Situationen, in denen Sie vielleicht entscheiden, eine Maske abzulehnen, die Ihnen jemand aufzwingen will. Zum Beispiel gab der Ehemann einer Freundin von mir ihr kurz nach der Eheschließung zu verstehen, dass er eine ganz besondere Vorstellung davon habe, wie sie als »gute Ehefrau« zu sein habe. Kurzum, er wollte, dass sie sich auf eine bestimmte Art kleidete, sich nicht mehr mit ihren Freundinnen traf und sich bei wichtigen Entscheidungen als Paar seinem Urteil beugte – lauter Dinge, die sie ablehnte. Diesen Bitten nachzugeben, hätte nicht zu einer Gestaltveränderung geführt, sondern zur völligen Ablehnung ihres Authentischen Selbst, um jemand anderem zu gefallen. In diesem Fall weigerte sich meine Freundin, die Maske aufzusetzen, die ihr Mann ihr aufzudrängen versuchte. Sie nahm ihm zuliebe keine Gestaltveränderung vor, denn das hätte ihre persönliche Identität verletzt. Sie erkannte, dass er sie zu domestizieren versuchte und dass seine Glaubenssätze auf dem System der Domestizierung basierten, in dem er aufgewachsen war. Letztlich beschloss sie, ihr Herz sprechen zu lassen und ihm ihre eigene Wahrheit zu sagen, und zum Glück hörte er zu und änderte sein Verhaltensmuster.

Andere durch die Augen bedingungsloser Liebe zu sehen, ermöglicht es Ihnen, im Moment die beste Entscheidung zu treffen, ob Sie eine Maske tragen oder eine Gestaltveränderung vornehmen wollen. Das Wichtigste ist, dass Sie es erkennen, wenn jemand eine Maske auf Sie projiziert, denn dann können Sie eine bewusste Entscheidung hinsichtlich Ihres Handelns in der jeweiligen Situation treffen.

Eine Maske auf andere projizieren

So wichtig es ist, wahrzunehmen, dass andere Masken auf Sie projizieren, so bedeutsam ist es auch, es zu bemerken, sobald Sie Masken auf andere zu projizieren versuchen. Wenn Sie Identitäten oder Rollen auf andere projizieren, schaffen Sie eine Reihe von Erwartungen im Hinblick auf deren Verhalten. Und so hat sich der Nebel bedingter Liebe wieder eingeschlichen, um Ihren Blick zu trüben. Durch die Projektion dieser Maske schaffen Sie in Ihrer Vorstellung eine Identität für diese Person und verurteilen sie dann, weil sie ihre Rolle nicht so spielt, wie Sie es sich wünschen. Wenn Sie sich dessen nicht bewusst sind, tun Sie das möglicherweise mit Ihren Eltern, Kindern, Freunden, Kollegen oder sonst jemandem.

Manchmal kann die Projektion subtil sein. Das geschieht häufig, wenn Sie glauben, Sie wüssten, wie jemand, der in einem Lebensbereich auf spezielle Weise empfindet oder sich verhält, sich in einer oft völlig anderen Situation verhalten oder empfinden wird. Situationen wie diese zu erkennen und sie loszulassen, macht Sie zu einem Meister des Selbst.

Ich kenne zum Beispiel eine Frau – ich nenne sie hier Lisa –, die vor Kurzem eine Chemotherapie zur Behandlung ihres Brustkrebses beendete. In den achtzehn Monaten, in denen sie mit der Krankheit zu tun hatte, erfüllte sie nicht nur ihre Rolle als Mutter kleiner Kinder, sondern nahm auch an sechs Marathonläufen teil. Sie ist eine Mutter. Sie ist eine Marathonläuferin. Sie ist eine Überlebende.

Wenn ich Lisas Interaktionen mit anderen Menschen beobachte, stelle ich fest, dass viele von ihnen die Maske, die sie an ihr sehen wollen, auf sie projizieren. Sie hegen Erwartungen, die darauf gründen, wie sie sich ihrer Meinung nach verhalten sollte. Viele von ihnen sehen in ihr allein eine Überlebende und erwarten, dass sie dieses Etikett voller Stolz trägt. Wenn sie nicht ihren Vorstellungen, wie eine Brustkrebsüberlebende handeln »sollte«, entspricht, sind sie beleidigt. Warum hat sie im Oktober kein rosafarbenes Band getragen? Warum sammelt sie bei ihren Marathonläufen keine Gelder für eine Brustkrebsstiftung? Wenn diese Menschen herausfinden, dass Lisa außerdem eine Jägerin ist, können sie oft ihre Projektionen der Rolle der Mutter, Marathonläuferin und Brustkrebsüberlebenden nicht mit der einer Jägerin in Einklang bringen. Wie kann jemand, der so mitfühlend ist, Tiere töten und verzehren?

Gleichzeitig verstehen einige Angehörige der Jagdgemeinschaft nicht, warum Lisa an all diesen Marathonläufen teilnimmt, meditiert und spirituelle Bücher liest. Eine dritte Gruppe von Menschen, die neuen Läufer, weiß nichts von ihren anderen Masken und erwartet lediglich Inspiration und Unterstützung von ihr, während sie für ihren ersten Marathon trainieren. Jede Gruppe projiziert eine andere Maske und packt Lisas gesamte umfangreiche Erfahrungen in eine einzige Geschichte, die von den Menschen dieser Gruppe geschaffen wurde. Verhält sich Lisa auf eine Weise, die nicht zu einer Überzeugung der anderen passt, kann dies eine starke Gefühlsregung auslösen. Das hat sogar dazu geführt, dass einige Personen versuchten, Lisa in Verruf oder in Verlegenheit zu bringen, da sie ihre Aktionen persönlich nahmen und entweder wütend oder verletzt waren. Da ihre Bedingungen nicht erfüllt wurden, hielten sie Lisa nicht länger ihrer Liebe wert.

Ich rechne es meiner Freundin hoch an, dass sie sich nicht von einer einzigen der Masken, die sie trägt, oder von den Masken, die andere ihr aufzuzwingen versuchen, definieren lässt.

Lisa ist beschämt, dass die Menschen sie aufsuchen, um sich von ihr inspirieren zu lassen, wenn sie gegen ihren Krebs ankämpfen oder für ihre Marathonläufe trainieren. Und sie zeigt Mitgefühl, wenn sie es mit Menschen zu tun hat, die mit ihren Entscheidungen auf anderen Gebieten nicht einverstanden sind. Sie lebt ihre eigene persönliche Wahrheit auf eine Weise, die sowohl ihrem Persönlichen Traum als auch dem Traum des Planeten von Nutzen ist. Die Menschen fragen sie, wie sie während der Chemotherapie weiterhin trainieren konnte. Ihre Antwort lautet kurz und bündig: »Ich habe jeden Augenblick mein Bestes gegeben und lasse mich nicht durch den Krebs bestimmen.«

Aufgrund ihres Bewusstseins kann meine Freundin die Masken, die andere auf sie projizieren, dazu benutzen, sich sinnvoll einzubringen, ohne die Aufmerksamkeit von ihrem Authentischen Selbst abzulenken. Sie teilt ihre persönlichen Erfahrungen mit Brustkrebs nicht mit anderen, um sich selbst zu definieren, sondern weil sie ihnen helfen will, indem sie das weitergibt, was sie gelernt hat. Indem sie vorübergehend die Rolle einer Krebsüberlebenden einnimmt, ohne sich von ihr festlegen zu lassen, kann sie diese Maske absetzen, sobald die Interaktion vorbei ist. Auf diese Weise zeigt sie, dass sie ihre Aktionen unter Kontrolle hat – ein Merkmal einer Meisterin bzw. eines Meisters des Selbst.

Summa summarum: Eine der größten Versuchungen, mit denen Sie konfrontiert sind, wenn Sie sich durch den Traum des Planeten bewegen, besteht darin, zu glauben, dass jede Maske, die Sie tragen, real sei. Dies gilt unabhängig davon, ob irgendjemand die Maske auf Sie projiziert oder ob Sie die Maske für sich selbst geschaffen haben. Wenn zum Beispiel alles in Ihrem Leben gut läuft und Sie im Beruf erfolgreich sind oder Ihre Ziele erreichen, möchte Ihr Ego die Identität von jemandem kreieren oder festhalten, der »Erfolg hat«. Wir werden im nächsten Kapitel die damit verbundenen Fallgruben detaillierter erörtern.

Wenn die Dinge hingegen nicht so laufen, wie Sie es sich wünschen, schreit der Parasit vielleicht so laut, dass Sie in Versuchung geraten, die Maske einer Person zu tragen, die versagt hat oder unwürdig ist.

In all diesen Situationen kann die Praxis der Wahrnehmung Sie zur Wahrheit zurückführen. Ihr wahres Selbst, Ihr Authentisches Selbst ist viel mehr als irgendeine Maske es darstellen kann. Wann immer Sie diese Wahrheit vergessen und eine Maske für real halten, sind Leid und Täuschung nicht fern. Ein Meister des Selbst sieht in der Maske ein Instrument und verwendet es effektiv, wenn es hilfreich ist. Da er die mit jeder Maske verbundene Identität nicht verinnerlicht, kann er sie mühelos abnehmen und zu seinem Authentischen Selbst zurückkehren, wenn die Zeit für die Maske abgelaufen ist.

Ihre Masken identifizieren

Die Masken, die wir tragen, ermöglichen es uns, einander intellektuell, emotional und spirituell zu verstehen. Von all den Masken, die wir tragen werden, lösen wir uns am schwersten von denen, die mit speziellen Rollen im Traum des Planeten verbunden sind. Diese Rollen schließen zum Beispiel folgende mit ein: Elternteil, Kind, Arbeitnehmer oder Arbeitgeber, Student etc.

Denken Sie an all die Rollen, die Sie im Leben spielen, und listen Sie sie auf einem Blatt Papier auf. Der Schreibakt als solcher kann Ihnen helfen, viel eher Rollen in ihnen zu sehen als das Wesen, das Sie wirklich sind.

Überprüfen Sie als Nächstes die Liste und beantworten Sie die beiden Fragen:

- Sind auf dieser Liste irgendwelche Rollen aufgeführt, die Sie gerne ablegen oder ändern wollen?

- Was können Sie hierzu unternehmen?

Wer bin ich?

In fast allen spirituellen Traditionen lautet eine der wichtigsten Fragen, die Sie sich stellen sollten: »Wer bin ich?«

In der toltekischen Tradition antworten wir häufig mit: »Das Authentische Selbst«, weil es ein Symbol darstellt, das der

Wahrheit so nahe wie möglich kommt. Doch sogar diese Antwort ist unvollständig, denn die letzte Wahrheit der Frage, wer Sie sind, ist größer, als Worte es ausdrücken könnten.

Da Sie jetzt wissen, dass keine der Masken, die Sie tragen, oder der Rollen, die Sie spielen, Ihr wahres Ich darstellt, nehmen Sie sich ein paar Minuten Zeit und wenden Sie Ihre Aufmerksamkeit nach innen. Fragen Sie sich: »Wer bin ich?«, und versuchen Sie, die Antwort in Ihrem Inneren zu finden – die Antwort, die nicht in Worten ausgedrückt werden kann.

Erinnern wir uns am Ende des Kapitels über Masken an eine Kernlehre, die zu einem früheren Zeitpunkt in diesem Buch eingeführt wurde: Die Welt um uns herum ist virtuell, es ist nur ein Traum.

In der toltekischen Tradition meiner Familie bestehen wir absolut darauf, angenehme Erfahrungen in diesem Traum zu schaffen. Mit anderen Worten: Wir haben gern Spaß! Das erfordert oft Zielsetzungen, um etwas Schönes zu schaffen oder etwas Besonderes zu vollbringen. Wie Sie jedoch im nächsten Kapitel über Zielsetzung sehen werden, ist es wichtig, dass wir dies voller Bewusstheit tun. Sonst kann sich unser Persönlicher Traum schnell in einen Albtraum verwandeln. Wenn wir uns positive Ziele setzen, wird uns dies helfen, uns verständnis- und liebevoll für andere und den Planeten zu engagieren und die Art von Leben zu schaffen, die wir uns wünschen.

8

ZIELSETZUNG

Sich Ziele zu setzen, auf sie hin zu arbeiten und sie zu erreichen, ist eine weitere wunderbare Möglichkeit, am Traum des Planeten teilzunehmen. Dabei können Sie Neues lernen und erfahren, um über Ihre normalen Grenzen hinauszugehen. Es kann Ihnen ein positives Gefühl der Erfüllung verleihen, wenn Sie Ihre kreative Intention durch den Einsatz Ihres Willens zeigen.

Gleichzeitig kann das Setzen und Erreichen von Zielen auch eine Fallgrube darstellen, um Sie wieder in den Nebel hineinzuziehen. Das liegt daran, dass im derzeitigen Traum des Planeten der weit verbreitete Glaube herrscht, die beste Möglichkeit zum Erreichen seiner Ziele bestehe darin, sich zu geißeln, zu rügen oder sich einer anderen Art der Selbstherabsetzung zu bedienen, um sich dorthin zu pushen, wohin man gelangen will. Daher haben viele Menschen das Gefühl, die beste Erfolgschance bestehe darin, sich in Gedanken von dem ikonischen Drill-Sergeant (aus dem Film »Full Metal Jacket«) mit einem negativen inneren Monolog dazu antreiben zu lassen, »das Beste« aus sich zu machen. In diesem Licht betrachtet, überrascht es nicht, dass so viele von uns zu der Überzeugung domestiziert wurden, diese Art von Selbstgeißelung stelle das einzige und sogar das erstrebenswerteste Motivationsmittel dar, um das Gewünschte zu erreichen. Diese Motivation lässt das Endergebnis zu einer fixen Idee werden, sodass wir nicht länger den Schmerz spüren, den unsere Selbstablehnung hervorruft.

Diese Methode wird unter anderem oft im Bereich des Körperbilds angewandt. Wenn Sie zum Beispiel in den Spiegel blicken und feststellen, dass Ihnen Ihr Aussehen in gewisser Hinsicht nicht gefällt – vielleicht halten Sie sich für übergewichtig, nicht in Form etc. –, wird der Parasit die Gelegenheit ergreifen, sich laut zu Wort melden und Ihren schönen Körper als mangelhaft bezeichnen. Wenn Sie sich aus dieser Perspektive das Ziel setzen, ein paar Pfunde zu verlieren oder Ihr Aussehen in Übereinstimmung mit dem Urteil des Parasiten auf irgendeine Weise zu verändern, so enthält diese Vereinbarung implizit die Bedingung, dass Sie sich nur dann lieben und akzeptieren werden, wenn Sie dieses Ziel erreichen. Dieser Vorgang spielt sich sehr schnell ab, und wenn Sie dabei nicht sehr bewusst vorgehen, werden Sie nicht einmal erkennen, dass Sie in eine Fallgrube geraten sind. Natürlich ist diese Praxis der Zielsetzung durch bedingte Liebe nicht auf das Körperbild beschränkt. Sobald Sie sich vom Ergebnis Ihrer Bemühungen abhängig gemacht haben, haben Sie sich der bedingten Liebe unterworfen. Das kann in jedem Ihrer Lebensbereiche geschehen.

Es gibt zahlreiche Probleme bei dieser Art der Herangehensweise. Erstens: Jedes Mal, wenn Sie sich zur Erreichung Ihrer Ziele eines negativen Selbstgesprächs bedienen, implizieren Sie, dass Sie in Ihrem derzeitigen Zustand nicht gut genug seien. Dies wiederum lädt die Stimme des Parasiten dazu ein, sich einzuschalten und sich Ihres Geistes zu bemächtigen, und zwar unter dem Vorwand, dass sie lediglich versuche, Ihnen zu »helfen«. Dies ist jedoch nur ein weiteres Beispiel dafür, wie hinterlistig der Parasit sein kann, der sein negatives Geplänkel mit einer bedingten Entlohnung verknüpft. Aber wie wir in vorherigen Kapiteln gesehen haben, sind die Methoden des Parasiten immer mit negativen Konsequenzen verbunden.

Zweitens: Wenn Sie sich dazu antreiben, Ihre Ziele durch einen negativen inneren Monolog zu erreichen, bleibt nur wenig Raum für Selbstakzeptanz und Selbstliebe, falls Sie Ihr Ziel nicht erreichen, sodass Sie sich in Zukunft auf weitere innere Schelte einstellen müssen. Daher kann das Nichterreichen eines Ziels dazu führen, dass Sie sich schlechter fühlen als zuvor. Sooft Sie die Stimme des Parasiten dazu benutzen, sich zu motivieren, gibt das Nichterreichen des Ziels dem Parasiten noch mehr Stoff, Sie zu schelten. Kommt dies regelmäßig vor, werden Sie weniger bereit sein, sich Ziele zu setzen, oder sich überhaupt keine mehr setzen, weil Sie unbewusst Angst haben, was Ihnen Ihr Parasit an den Kopf werfen wird, wenn Sie Ihr Ziel nicht erreichen. Immer wenn Sie sich aufgrund Ihrer Versagensangst kein Ziel mehr setzen, liegt es daran, dass der Parasit Sie in der Vergangenheit böse beschimpft hat und Sie diese Erfahrung nicht noch einmal machen wollen. Lieber versuchen Sie es erst gar nicht, als sich mit der Angst vor dem Scheitern zu konfrontieren und wieder die Verurteilung Ihres Parasiten hören zu müssen.

Jedes Mal, wenn Sie sich dafür verurteilen, ein bestimmtes Ziel nicht erreicht zu haben, setzen Sie sich außerdem der Kritik anderer aus, da Sie implizit bereits der Verurteilung zugestimmt haben.

Genauso interagiert die große Mehrheit der Menschen im Umgang mit sich selbst und mit anderen. Sie erlegen einander Ziele und Erwartungen auf und unterwerfen sich selbst dem Urteil, wenn das Ziel nicht erreicht wird. Diese Methode der Zielsetzung gehört zu den wichtigsten Arten, wie sich die Illusion bedingter Liebe im Traum des Planeten verbreitet. Auf diese Weise sind Sie erneut im Drama der Party gelandet und haben sich wieder in den Zyklus von Domestizierung und Selbstdomestizierung eingereiht.

Zugegeben: Der Grund, warum diese Art der Zielsetzung eine derart wirkungsvolle Fallgrube darstellt, ist, dass es manchmal zu funktionieren scheint. Die Stimme Ihres inneren Richters kann ein mächtiger Motivator sein, und dieser bedient sich der Werkzeuge wie Schuldgefühle, Scham, Neid und einer Reihe sonstiger negativer Gefühle, um Sie zum Handeln anzutreiben. Aber selbst wenn dieser negative innere Monolog zu funktionieren scheint, ist der Erfolg nur von kurzer Dauer. Denn solange ein Ziel dadurch erreicht wird, dass Sie Ihren Parasiten als Ihren Motivator benutzen, ist der Parasit, ungeachtet dessen, was Sie erreichen, nie längere Zeit zufriedengestellt. Er wird die Messlatte immer höher legen und auf diese Weise jegliche durch Erfolg erzeugte Selbstakzeptanz im besten Fall zu etwas Vorübergehendem machen. Deshalb gilt nach unserer toltektischen Tradition: Solange Sie darauf warten, in Zukunft geliebt und akzeptiert zu werden, bedeutet das, dass Sie sich in der Gegenwart nicht lieben und akzeptieren.

Indem Sie Ihre Selbstliebe und Selbstakzeptanz mit einem Ziel verbinden, sind Sie nur dann glücklich, wenn Sie es tatsächlich erreichen. Gelingt dies, steigt Ihre Selbstachtung vorübergehend. Andernfalls fühlen Sie sich minderwertig. Das heißt, dass Sie die Zielsetzung als Tool für Ihre Selbstdomestizierung verwenden, da Sie beschlossen haben, sich selbst nur bedingt zu lieben, je nachdem, ob Sie Ihr Ziel erreicht haben oder nicht. Jetzt kontrolliert Sie die Erwartung dessen, was »sein sollte«. Der Prozess sieht folgendermaßen aus:

1. Sie entscheiden, dass die Person, die Sie darstellen, nicht genug ist, also setzen Sie sich das Ziel, etwas zu erreichen.

2. Sie treffen implizit eine Vereinbarung mit sich selbst, dass Sie nur dann Ihrer Selbstliebe würdig sind, *wenn* das Ziel erreicht ist.

3. Falls Sie das Ziel nicht erreichen, beurteilen Sie sich dementsprechend. Sollten Sie das Ziel erreichen, legt Ihr innerer Richter die Messlatte höher.

Das ist die Fallgrube, welche die Meister und Meisterinnen des Selbst vermeiden, und zwar, indem sie sich selbst bedingungslos lieben und erkennen, dass sie in diesem Augenblick bereits perfekt sind und kein Ziel erreichen müssen, um ihrer Selbstliebe würdig zu sein.

Die Ursprünge und ihre Manifestationen erkennen

Irgendwann in Ihrer Kindheit setzten Sie sich das Ziel, sich in dem einen oder anderen Bereich zu verbessern. Vielleicht handelte es sich um ein Schulfach oder eine Sportart, ein

Musikinstrument oder eine andere Aktivität. Schon bald erkannten Sie, dass Sie besser wurden, wenn Sie sich darin übten, da Sie Ihre Intention auf ein Ziel richteten, dessen Erreichbarkeit im Bereich des Möglichen lag. Das ist ein wunderbarer Prozess, und er verschaffte Ihnen die Befriedigung, etwas im Traum des Planeten zu kreieren.

Aber Sie gelangten bei diesem Prozess an einen Punkt, an dem Sie lernten, Selbstgeißelung und Selbstherabsetzung als Mittel einzusetzen, um ein Ziel zu erreichen. Sie gewannen die Überzeugung, sich selbst unter Druck setzen zu müssen, um Ihr Ziel zu erreichen, und dass Ihre Ergebnisse dann besser wären. Können Sie sich erinnern, wann sich das abspielte? Bei den meisten Menschen geschieht dies in so früher Kindheit, dass es nicht möglich ist, den Zeitpunkt genau zu bestimmen, aber rückblickend war es genau der Augenblick, als es nicht mehr ausreichte, eine Tätigkeit allein um der Tätigkeit willen, die Ihnen Spaß machte, auszuführen. Ihr Selbstwertgefühl und Ihre Selbstakzeptanz wurden mit dem Ergebnis oder dem Erfolg verknüpft. Hinzu kamen die Angst und deren Auswirkungen, vor allem die Angst, bei Nichterreichen des Ziels wären Sie Ihrer Selbstliebe oder der Liebe der anderen nicht wert. Der Augenblick, in dem die Angst mit ins Spiel kam, war auch der Moment, in dem das Erreichen eines Ziels ein Tool der Domestizierung wurde. Schon bald akzeptierten Sie diese Angst und praktizierten Selbstdomestizierung.

Widmen wir uns einem einfachen Beispiel, das viele von uns schon erlebt haben. Als Sie anfingen, Radfahren zu lernen, geschah es vermutlich aus Spaß. Es verlieh Ihnen das Gefühl, eine Leistung vollbracht zu haben, und ermöglichte es Ihnen, etwas zu tun, was andere Kinder ebenfalls taten. Später nahmen Sie noch weitere Dinge in Angriff und widmeten dem Radfahren sicher keine weiteren Gedanken. Doch wir wollen uns der Forschung halber einen Moment lang vorstellen, Sie seien zu der Überzeugung gelangt: »Ich muss der beste Radfahrer sein«, und: »Ich verdiene nur dann meine Selbstakzeptanz und Selbstliebe, wenn ich der beste Radfahrer bin.« Sofern Sie nicht zufällig ein Radprofi sind, klingt das wahrscheinlich ziemlich albern, oder? Sie erkennen, wie absurd es ist, Ihre Selbstliebe und Selbstakzeptanz von Ihrem Talent als Radfahrer abhängig zu machen. Doch viele Menschen tun genau dies, wenn es um das Erreichen von Zielen in anderen Bereichen geht – im Job, bei einem Hobby, hinsichtlich eines bestimmten Körperbilds, bei der Rolle in der Familie oder sogar beim Fortschritt auf einem spirituellen Weg. So kann sich etwas, das als Quelle der Freude und der Begeisterung begonnen hat, später zu einem Tool der Selbstdomestizierung entwickeln.

Die Selbstdomestizierung durch eine Zielsetzung kann sehr subtil sein. Sie in all ihren Formen zu durchschauen, macht Sie zu einem Meister. Vielleicht glauben Sie, Zielsetzungen würden sich nur um klar bestimmbare Alltagsaufgaben drehen, aber die Implikationen dieser Denkweise gehen weit darüber hinaus. Welches Ziel müssen Sie Ihrer Meinung nach erreichen, um glücklich im Leben zu sein oder sich vollständig zu fühlen? Müssen Sie sich von einer bestimmten Person geliebt fühlen? Müssen Sie eine bestimmte Summe Geld verdienen? Benötigen Sie ein gewisses Maß an Lob und Anerkennung oder eine bestimmte gesellschaftliche Stellung in Ihrer Gemeinde? Glauben Sie, dass Sie zu großen spirituellen Erkenntnissen gelangen müssen? Soll Ihr Körper ein gewisses Aussehen haben? All diese Maßstäbe sind subjektiv und haben lediglich die Bedeutung, die Sie selbst ihnen zuweisen. Allen gemeinsam ist jedoch Folgendes: Wenn Sie Ihr Glück davon abhängig machen, einem von ihnen gerecht zu werden, haben Sie sie ebenfalls zu Werkzeugen der Selbstdomestizierung gemacht.

Für die Meister und Meisterinnen des Selbst besteht der Ausweg darin, sich daran zu erinnern, dass sie in diesem Augenblick vollkommen sind und es nicht nötig haben, etwas zu tun oder zu erreichen, um vollkommen zu sein. Es ist völlig in Ordnung, im Traum des Planeten etwas durchführen zu wollen, um herauszufinden, worin die eigenen Stärken liegen und wozu man fähig ist. Aber für die Meister und Meisterinnen des Selbst besteht die Priorität darin, sich beim Anstreben eines selbst gesetzten Ziels bedingungslos zu lieben.

Ziele setzen mit bedingungsloser Selbstliebe

Diese Gewohnheit zu ändern, kann äußerst schwierig sein, da die meisten Menschen so streng und so subtil für die Überzeugung domestiziert wurden, ein negativer innerer Monolog sei erforderlich, um Ziele auf eine bestimmte Art zu erreichen, dass sie eine andere Möglichkeit nicht einmal erwogen haben – nämlich die Zielsetzung vor dem Hintergrund bedingungsloser Liebe. Doch dies zu tun, kann Ihren Persönlichen Traum sowie Ihre Interaktionen mit anderen im Traum des Planeten grundlegend verändern.

Beim Nachdenken über etwas, das Sie durchführen wollen, oder über ein Ziel, das Sie erreichen wollen, müssen Sie sich als Erstes daran erinnern, dass es sich um etwas handelt, das Sie tun wollen. Sie wissen, dass Sie in Wahrheit nirgendwohin gehen, nichts tun oder erreichen müssen, weil jegliche Suche nach Perfektion außerhalb Ihrer Person tatsächlich einen Schritt weg von der Perfektion darstellt. Außerdem sind Sie sich bewusst, dass Ihre Umwelt ein Traum ist und dass Sie in diesem Traum gleichzeitig der Schöpfer sowie das erschaffene Geschöpf sind.

Von dieser Stufe des Bewusstseins und der bedingungslosen Liebe aus erkennen Sie an, dass in Ihrem Persönlichen Traum etwas ist, was Sie kreieren, ändern oder vollenden wollen. Das liegt daran, dass Sie im Traum nur des Spiels wegen spielen. Es stellt keine Mühe dar, sich festzulegen oder bedingt zu lieben. Sich Ziele zu setzen, ist in diesem Zusammenhang ein schöner und natürlicher Vorgang, und die Methodik, die Sie anwenden, um diese Ziele zu erreichen, rührt vom Wissen um Ihre Perfektion her. Sie beginnen jetzt den Zielsetzungsprozess auf der Basis bedingungsloser Selbstliebe statt der von Angst, Scham oder Zweifel. Jede Veränderung, die Sie vornehmen wollen, oder jedes Ziel, das Sie erreichen wollen, wird nur deshalb in Angriff genommen, weil Sie es wirklich wollen, und nicht, weil Sie von einem Gefühl der Unzulänglichkeit und des Ungenügens beherrscht werden. Sie nehmen keine Veränderung vor aufgrund Ihrer vergangenen Domestizierung oder derzeitigen Anhaftung, sondern um sich im Traum mit etwas, das Sie gerne tun, zu bereichern und weiterzuentwickeln.

Ein großartiger Vorteil dieser Art der Zielsetzung besteht darin, dass Sie – aufgrund Ihrer bedingungslosen Selbstliebe während des gesamten Prozesses – feststellen werden, dass in Ihnen auf dem Weg zur Erreichung Ihres Ziels ein natürliches Selbstvertrauen entsteht. Das ist eine ganz andere Art von Gefühl als die Angst, aus der heraus Sie sich dazu antreiben, besser zu werden, weil Sie befürchten, zu scheitern. Wenn der Ausgangspunkt Angst oder Mangel ist, wird ein Persönlicher Traum geschaffen, der von Negativität überschattet ist.

Wenn Ihr Selbstvertrauen auf Selbstliebe basiert, schöpfen Sie Kraft aus dem Wissen, dass Sie entsprechend Ihren Fähigkeiten das Beste leisten können, und werden den Augenblick ungeachtet des Ergebnisses genießen. Da Ihre Selbstliebe nicht auf einem bestimmten Ergebnis gründet, ist diese Liebe zum Leben tatsächlich die eigentliche Motivationsquelle für Ihre bestmöglichen Bemühungen. Das führt dazu, dass Sie jetzt jede Entscheidung entlang des Weges unter Ihrer Kontrolle haben. Sie sind bereit, das Ziel zu ändern, wenn eine Veränderung erforderlich sein sollte, und da Sie sich nicht selbst verurteilen, während andere Ihren Fortschritt oder Ihre Fähigkeiten beurteilen, wissen Sie, dass dieses Urteil deren Traum widerspiegelt und nicht Ihren.

Um eines klarzustellen: Das heißt nicht, dass all die Ziele, die Sie erreichen wollen, leicht zu schaffen sind. Vielleicht erfordern sie viel harte Arbeit. Der Unterschied ist folgender: Wenn Sie sich auf der Basis von bedingungsloser Selbstliebe statt von Angst und Selbstgeißelung Ziele setzen, werden Sie eher eine reale und anhaltende Veränderung herbeiführen und Freude beim Anstreben Ihres Ziels haben. Zur näheren Erläuterung würde ich gerne ein Beispiel aus meinem eigenen Leben anführen.

Vor ein paar Jahren warf ich einen Blick in den Spiegel und sagte: »Miguel, du bist perfekt. Ich liebe dich genau so, wie du bist, und ich wünsche mir, dass du gesünder und lebensfroher bist. Also fang wieder mit dem Laufen an.«

In den vergangenen Jahren war ich recht regelmäßig gelaufen, hatte es aber seit einiger Zeit nicht mehr getan. Das

Laufen hatte mir immer Spaß gemacht, und es war nie sehr schwierig für mich gewesen, sodass ich vermutete, mühelos mein altes Potenzial wieder erreichen zu können. Also staubte ich meine alten Laufschuhe ab und ging joggen. Mein Ziel waren fünf Meilen, aber ich schaffte gerade einmal ungefähr zwei Drittel einer Meile, bevor ich aufhören musste. Ich spürte, wie mein Herz raste, und war überrascht über meinen keuchenden Atem.

Jenen unter Ihnen, die mit Sorgfalt lesen, zeigt ein Wort im letzten Absatz genau den Augenblick, in dem ich mich auf einen gefährlichen Pfad begab: Ich stellte die *Vermutung* an, dass ich trotz der langen Pause leicht fünf Meilen schaffen würde. Natürlich konnte ich nicht einfach meine alten Laufschuhe wieder hervorholen und dieses Ziel erreichen. Mit dieser Vermutung stellte ich eine Erwartung an mich selbst und setzte mir ein unerreichbares Ziel. Als ich nach einer knappen Meile Halt machte, dachte ich sofort an Selbstverurteilung, während die Stimme des Parasiten gellte: »Miguel, du bist so ein fauler Sack!« Als ich dies hörte, wurde mir bewusst, dass die alten Methoden der Selbstdomestizierung wieder versuchten, Boden unter den Füßen zu gewinnen.

In diesem Augenblick hatte ich eine Wahl: Ich konnte mich schelten und verurteilen, oder ich konnte mir vor Augen führen, dass dies nur der Ausgangspunkt war und dass ich mich als Meister des Selbst bedingungslos den gesamten Prozess hindurch lieben würde. »Miguel, sei behutsam mit dir selbst. Das ist dein derzeitiger Stand, und dies ist deine Wahrheit in diesem Moment.«

Mein Ziel war es, so viel zu trainieren, dass ich Ende Mai fünf Meilen am Stück zurücklegen konnte. Damals war gerade Januar.

Ich begann also mit meinem Lauftraining und musste es wie andere beschäftigte Väter und Ehemänner an vielen Tagen ausfallen lassen oder konnte nicht so weit laufen, wie ich geplant hatte. Aber ich machte mich deswegen nicht selber fertig und fuhr fort, mich zu lieben und mich zu ermutigen. An manchen Tagen musste ich meine gesamte Willenskraft aufwenden, um zum Laufen zu gehen, aber ich freue mich, berichten zu können, dass ich vor Ende April mein Ziel erreicht hatte.

Obwohl ich darüber glücklich war, hingen meine Selbstakzeptanz und Selbstliebe nicht davon ab. Es fühlte sich einfach großartig an, also fuhr ich fort, zu laufen. Zwei Jahre später lief ich meinen zweiten Marathon, und zurzeit trainiere ich für meinen dritten. Ich habe meine Lauffertigkeit voller Leidenschaft perfektioniert und dabei alle sonstigen Aufgaben durchgeführt, die es zu erfüllen galt.

Es geht mir dabei um Folgendes: Wenn Sie sich auf der Basis bedingungsloser Liebe Ziele setzen, sind Sie sich stets bewusst, dass Perfektion nicht vom Endergebnis abhängig ist, sondern eher von der Realität des gegenwärtigen Moments. Sie waren perfekt zu Beginn und sind es auch jetzt; Sie sind rundum perfekt. Es ist Ihnen jederzeit bewusst, dass das Endergebnis Sie nicht definieren wird. Durch die Praxis der Wahrnehmung können Sie die Perfektion in sich selbst erkennen – was Sie auch die Perfektion in der Sie umgebenden Welt und in allen darin lebenden Wesen erkennen lässt.

Erdungsübung und Mantra

Wenn Sie beginnen, sich von alten Gewohnheiten und alten Denkweisen zu lösen, werden Sie vermutlich feststellen, dass die Domestizierung sowie die Selbstliebe gleichzeitig vorhanden sind. Mit anderen Worten: Sie mögen Ihre Absicht darauf richten, sich auf der Basis bedingungsloser Selbstliebe Ziele zu setzen, doch Sie hören dabei nach wie vor die Stimme des Parasiten, der versucht, Sie durch ein negatives inneres Selbstgespräch anzutreiben. Viele Male bringt den Parasiten allein die Tatsache, dass Sie sich seiner bewusst sind, zum Schweigen. Aber es gibt eine Methode, sich wieder zu zentrieren, wenn der Parasit keine Ruhe gibt.

Wenn Sie daran arbeiten, ein Ziel, das Sie sich gesetzt haben, zu erreichen, und Sie die Stimme des Parasiten hören, der versucht, Sie zu beschimpfen oder Zweifel in Ihnen aufkommen zu lassen, müssen Sie als Erstes mit dem aufhören, was Sie gerade tun, und in sich gehen.

Nehmen Sie Ihren Atem wahr, fokussieren Sie sich auf den lebensspendenden Vorgang des Ein- und Ausatmens. Sorgen Sie als Nächstes dafür, dass Ihre Füße fest auf dem Boden unter Ihnen stehen. Stellen Sie sich im Geiste vor, wie Sie durch Ihren Atem und den Boden unter Ihren Füßen mit allem im Leben verbunden sind.

»Scannen« Sie Ihren Körper von Kopf bis Fuß, denn dadurch gehen Sie aus dem Verstand heraus und erinnern sich daran, wie es sich anfühlt, in Ihrem Körper zu sein. Sie sind so viel mehr als die Stimme in Ihrem Kopf. Erinnern Sie sich nun daran, dass Sie diesen speziellen Akt vollziehen, weil Sie es wollen. Sie sind bereits perfekt und geben sich dem Ergebnis hin.

Wiederholen Sie das folgende Statement immer wieder, bis Ihr Verbündeter wieder die Kontrolle über Ihren Geist gewinnt:

> *»Ich, ………, bin jetzt perfekt und vollständig. Ich liebe mich bedingungslos.«*

Visualisierung

In der toltekischen Tradition erkennen wir an, dass der Geist ein mächtiges Tool darstellt, das Ihnen hilft, Ihre Ziele zu erreichen. Hier ist eine Übung, die Ihnen helfen kann, sich die Kraft Ihres Geistes nutzbar zu machen und sich auf das zu fokussieren, was Sie wollen. Machen Sie diese Übung täglich, wenn Sie auf ein Ziel hinarbeiten, und zwar am besten morgens.

Suchen Sie sich einen ruhigen Platz, an dem Sie ein paar Minuten verweilen können. Schließen Sie die Augen und schicken Sie sich bewusst bedingungslose Liebe. Seien Sie dankbar, dass Sie im gegenwärtigen Augenblick am Leben sind. Empfinden Sie Dankbarkeit für Ihren Körper und Ihren Geist, denn sie erlauben Ihnen, den Traum des Planeten zu erleben.

Richten Sie dann Ihre Gedanken auf das Ziel, auf das Sie hinarbeiten. Stellen Sie sich vor, dass Sie dieses Ziel erreichen, und konzentrieren Sie sich auf die Gefühle der Dankbarkeit, weil Ihnen dies gelungen ist. Der Schlüssel liegt hier darin, Dankbarkeit zu empfinden, als wäre das Ziel bereits erreicht, denn dadurch wird diese Erfahrung in Ihrem Geist real.

Nachdem Sie sich ein paar Minuten lang auf die Dankbarkeit für das bereits erreichte Ziel fokussiert haben, lenken Sie Ihr Bewusstsein wieder auf den Augenblick. Öffnen Sie die Augen und genießen Sie es, auf Ihr Ziel hinzuarbeiten.

Sich bewusst Ziele zu setzen, kann ein hilfreiches Tool darstellen, im Traum des Planeten zu kreieren und zu kokreieren. Wenn Sie nicht vergessen, sich ungeachtet des Ergebnisses selbst zu lieben, werden Sie während des gesamten Prozesses Freude haben.

Natürlich wird es Zeiten geben, in denen eine andere Person Sie daran hindert, Ihr Ziel zu erreichen. Die Frage lautet jetzt: Wie werden Sie dann reagieren? Genau dies ist das Thema unseres nächsten Kapitels.

9

VERGLEICH UND WETTBEWERB

Wir nähern uns jetzt den letzten Lektionen dieses Buches und wollen einen Augenblick lang zu der Fußball-Analogie zurückkehren. Aber stellen Sie sich diesmal vor, dass Sie kein Fan sind, der das Spiel mit einem unterschiedlichen Grad der Anhaftung an das Ergebnis beobachtet, sondern einer der Spieler auf dem Feld sind.

Als Spieler ist es Ihr Ziel, das Spiel zu gewinnen, und Sie haben eine Wahl, womit Sie sich motivieren wollen, dieses Ziel zu erreichen. Wenn Sie durch die Stimme Ihres Parasiten motiviert werden, kehren Sie zur Selbsterniedrigung und Selbstgeißelung zurück, wobei die einzige Möglichkeit, sich selbst zu lieben und zu akzeptieren, darin besteht, das Spiel zu gewinnen. Wenn Sie die im letzten Kapitel aufgezeigten Schritte beachten, können Sie sich während des gesamten Prozesses bedingungslos lieben und das Spiel, ungeachtet des Ergebnisses, um des Spiels willen genießen.

Allerdings besteht ein großer Unterschied zwischen einer Zielsetzung, die nur Sie angeht (zum Beispiel fünf Meilen zu laufen), und einer, die auch andere Personen betrifft (der Gewinn eines Fußballspiels). Bei Letzterem haben Sie einen Gegner, der Ihnen beim Erreichen Ihres Ziels im Weg steht. Das ist ein Wettbewerb, und die Frage stellt sich: Wie werden Sie Ihren Gegner während dieses Prozesses sehen? Werden Sie Ihren Gegner bedingungslos lieben? Können Sie Ihren Gegner als eine weitere Manifestation des Authentischen Selbst betrachten? Oder werden Sie ihn verteufeln, ihn als einen Feind betrachten, der um jeden Preis vernichtet werden muss? Wie werden Sie sich gegenüber Ihrem Gegner verhalten, wenn Sie verlieren?

Diese Fragen sind wichtig, weil das Leben in unserer Gesellschaft häufig als Wettbewerb dargestellt wird. Eine erfolgreiche Botschaft, die mittels Filmen, Fernsehen, Büchern und vor allem durch die Werbung in all ihren Formen vermittelt wird, lautet, dass alle Dinge, die Sie sich im Leben wünschen, »in begrenzter Menge« vorhanden sind, ob es sich um Liebe, Glück, Freundschaft, Job oder Karriere, Schönheit, Geld oder materielle Besitztümer handelt, und dass es aufgrund dieser begrenzten Menge empfehlenswert sei, alles Menschenmögliche zu tun, um in den Besitz dieser Dinge zu gelangen, bevor es jemand anderer tut. In der Wirtschaftsterminologie wird dies häufig als »Mangel« bezeichnet und schafft zwischen Ihnen und vielen Ihrer Bekannten eine nicht gerade angenehme Atmosphäre.

Die Vorstellung von Mangel und das daraus folgende Konkurrenzdenken ist derart verbreitet, dass es schwierig ist, es in allen Facetten zu erfassen. Beobachten Sie zum Beispiel beim ersten Kennenlernen einer Person, ob Sie anfangen, sich mit ihr zu vergleichen, und zwar auf der Basis der Dinge, die für Sie als Individuum wichtig sind. Beurteilen Sie das äußere Erscheinungsbild der anderen Person im Vergleich mit Ihrem Erscheinungsbild? Bewerten Sie deren materiellen Reichtum, Bildungsstand oder sozialen Status im Vergleich mit Ihrem? Überlegen Sie, ob diese Person »spiritueller« ist als Sie?

Die verschiedenen Arten des Vergleichs unterscheiden sich entsprechend dem, was für Sie wichtig ist, aber der Vergleich als solcher führt fast immer zum Wettbewerb, auch wenn er lediglich in Ihrer Vorstellung stattfindet. Das alte Klischee, mit Hinz und Kunz Schritt halten zu müssen, macht sich hier bemerkbar. Es ist eine Gewohnheit, und es bedarf der Wahrnehmung und Bemühung, sich von ihr zu befreien.

Das englische Wort *»scarcity«* [dt. »Mangel, Knappheit, Seltenheit«; man könnte auch sagen: »Engpass« (Anm.dt.Red.)] enthält das Wort *»scare«* [dt. »Angst, Schrecken«, wobei »Angst« etymologisch mit »Enge« verwandt ist (Anm. dt.Red.)]. Und genau diese Angst (bzw. gefühlte Enge) erzeugt die Vorstellung von Mangel (Engpass). Die Menschen befürchten, es könne nicht genug von dem geben, was sie sich wünschen, und sie sehen deshalb die anderen Menschen im Traum des Planeten als Konkurrenten um eine begrenzte Anzahl von Ressourcen wie Liebe, Glück, Geld etc. und handeln entsprechend.

Wie Sie erfahren haben, kann Handeln, das durch Angst motiviert ist, nicht zugleich durch bedingungslose Liebe motiviert sein und führt letztlich zu Leid in der einen oder anderen Form. Wenn Sie die Vorstellung von Mangel akzeptieren, ohne sie zu hinterfragen, so glauben Sie schließlich, dass jemand anderer etwas erhält, was Sie benötigen. Das macht es sehr schwierig, mit anderen im Traum des Planeten zu interagieren, weil sie dadurch eher zu Gegnern als zu Freunden werden.

In der toltekischen Tradition vertreten wir die Meinung, dass der Begriff »Mangel«, wie er meistens im Traum des Planeten verkündet wird, ein Mythos ist. Von klein an werden Sie zu dem falschen Glauben domestiziert, dass Mangel besteht, aber in Wahrheit ist immer genug von dem vorhanden, was Sie im Augenblick benötigen. Solange Sie an den Mythos von Knappheit glauben, führt dies dazu, dass Sie Angst haben, weil Sie die anderen als Konkurrenz sehen und sich auf diese Weise erneut im Nebel verirren.

Beachten Sie, dass ich nicht behaupte, es sei immer genug von dem vorhanden, was Sie im Augenblick *wollen,* sondern von dem, was Sie *brauchen*. Das ist ein großer Unterschied. Vielleicht haben Sie viele Vorlieben oder Wünsche, die sich nicht nach Belieben erfüllen, aber ein Meister des Selbst weiß, dass das Leben immer genau das, was im Augenblick *benötigt* wird, zur Verfügung stellt. Das ist keine bloße Theorie; Sie können es sich sofort selbst beweisen.

Nehmen Sie sich einen Moment Zeit, um über Ihre Vergangenheit nachzudenken und eine Reihe von wichtigen Situationen zu identifizieren, in denen Sie damals nicht das erhielten, was Sie sich wünschten. Wünschten Sie sich zum Beispiel eine Beförderung oder einen neuen Job, bekamen ihn aber nicht? Wünschten Sie sich eine intime Beziehung mit jemandem, der letztlich nicht dasselbe wollte? Was geschah stattdessen in jeder Situation, die Sie in Ihrem eigenen Leben identifizieren?

Ich habe zum Beispiel einen Freund, der diese Wahrheit vor ein paar Jahren auf sehr intensive Weise erlebte. Er und seine Frau waren seit zehn Jahren verheiratet, als sie ihm verkündete, dass sie ihn nicht mehr liebe und die Scheidung einreiche. Mein Freund war am Boden zerstört. Er bettelte, flehte, tat alles Menschenmögliche, um seine Frau zu überreden, die Ehe aufrechtzuerhalten. Vergeblich. Als sie ihn verließ, verfiel er in eine tiefe Depression, und er war davon überzeugt, seine Scheidung sei das Schlimmste, was ihm passieren konnte.

Doch dann begann er an sich zu arbeiten. Also fing er an, den Blick nach innen zu kehren und die Vorstellung loszulassen, dass er besser Bescheid wüsste als das Leben selbst. Allmählich gewann er die Überzeugung, dass diese Scheidung genau das war, was er benötigte, obwohl er sie nicht gewollt hatte. Nach einem weiteren Jahr der Arbeit an sich selbst konnte er die Vergangenheit hinter sich lassen und die Wunden heilen, die schon vor seiner Scheidung vorhanden gewesen waren. Und er fing wieder an, sich mit Frauen zu treffen.

Kurz danach traf er die Liebe seines Lebens; sie heirateten schon bald und haben jetzt drei wunderbare Kinder. Besonders bemerkenswert an dieser Geschichte ist, dass die erste Frau meines Freundes keine Kinder wollte, und mein Freund, der sich Kinder wünschte, bereit war, diesen Traum zu begraben, um mit ihr zusammenzusein. Im Nachhinein ist er seiner ersten Frau von Herzen dankbar, dass sie ihn verlassen hat, denn sonst hätte er nicht seine wunderbaren Kinder und die erfüllende Partnerschaft mit seiner jetzigen Frau.

Wie die Erfahrung meines Freundes beweist, ist manchmal eine bestimmte Distanz zwischen Ihnen und einem Ereignis erforderlich, bevor Sie die Wahrheit dieser Lehre erkennen können. Aber wenn Sie die vergangenen Situationen, in denen Sie das Gewünschte nicht erhielten, genauer unter die Lupe nehmen, stellen Sie vielleicht fest, dass Sie genau das erhielten, was Sie brauchten. Selbst wenn die Endergebnisse einer Situation das nicht so deutlich zeigen wie im Fall meines Freundes, findet ein Meister des Selbst die innere Stärke, dieses Prinzip mit offenem Herzen zu akzeptieren.

Wenn Sie Ihr Leben voller Vertrauen führen, statt von Angst bestimmt zu werden, werden Sie aufhören, Druck auf andere auszuüben oder Menschen und Situationen kontrollieren zu wollen. Stattdessen werden Sie sich dem hingeben, was das Leben für Sie bereithält. Das soll nicht heißen, dass Sie nicht versuchen sollen, Dinge zu ändern, wenn es in Ihrer Macht steht, doch als ein Meister bzw. eine Meisterin des Selbst sind Sie versiert darin, die Situationen zu erkennen, die sich Ihrer Kontrolle entziehen; Sie vertrauen dann dem Augenblick und akzeptieren, was er mit sich bringt, denn Sie wissen, dass Sie genau das erhalten, was Sie benötigen.

Da Sie nicht länger an die Vorstellung von Mangel glauben, wissen Sie, dass es Wettbewerb und Gegner nur im Rahmen von Spielen gibt, aber nicht im täglichen Leben. Sie vergleichen sich nicht länger mit anderen und sehen in Ihnen auch keine Konkurrenten. Sie geben lediglich Ihr Bestes, und Ihre Leidenschaft zeigt sich in Ihren Bemühungen. Erfolg ist die natürliche Folge von etwas, das Sie mit Liebe ausführen.

In engem Zusammenhang mit dem Konzept von Mangel steht eine Überzeugung, die wir schon des Langen und Breiten erörtert haben: die Vorstellung, dass Sie irgendwie mit Fehlern behaftet, gebrochen oder unwürdig seien, im besten Fall »nicht genug«. Ich bringe dies nun erneut zur Sprache, weil die Vorstellungen von Mangel und die Überzeugung, Sie seien »nicht genug«, tatsächlich Hand in Hand arbeiten, um Sie im Nebel festzuhalten. Denken Sie einen Augenblick darüber nach: Solange Sie mit Fehlern behaftet, gebrochen oder nicht genug sind, ist es unwahrscheinlich, dass Sie die Dinge, die Sie benötigen, erwerben können, da diese angeblich in begrenzter Menge vorhanden sind. Die Kombination dieser Unwahrheiten schafft ein Umfeld, in dem die bedingte Liebe durch die Vehikel von Vergleich und Konkurrenz gedeiht. Das Ergebnis ist die Angst, dass Sie nie genügen und nie genug haben werden.

Die Überzeugung, nicht zu genügen, ist alt, da sie seit der Geschichtsschreibung in Mythen und Legenden postuliert wird. (Die Geschichte vom Garten Eden und der Erbsünde sind gute Beispiele dafür.) Ich finde es erstaunlich, wie viele Menschen im Traum des Planeten zu dem Glauben domestiziert wurden, sie hätten eine Art angeborener innerer Unzulänglichkeit. Genau diesen Glaubenssatz macht sich der Parasit zunutze, um sich Ihres Geistes zu bemächtigen.

Von all den falschen Glaubenssätzen, zu denen Sie domestiziert worden sind, ist vielleicht die Überzeugung, dass Sie nicht gut genug seien, die schädlichste. Um keine Zweifel aufkommen zu lassen: Sie sind mehr als genug. Sie sind so, wie Sie sind, vollkommen und vollständig. Sie sind nicht mit Fehlern behaftet, gebrochen, beschädigt oder unverbesserlich. Viel von dem Leid, das Sie durchmachen, ist selbst auferlegt und kann darauf zurückgeführt werden, dass Sie an diese Unwahrheit glauben. Dieses Gefühl der Wertlosigkeit ist der Hauptgrund, weshalb Sie sich selbst keine bedingungslose Liebe entgegenbringen. Um eine Veränderung in Ihrem Leben herbeizuführen, ist es am effektivsten, wenn Sie diese fehlerhafte Überzeugung aufgeben. Sobald dieser falsche Glaubenssatz durch bedingungslose Selbstliebe und

Selbstakzeptanz ersetzt ist, bricht der Mythos der Knappheit zusammen und der Vergleich und die Konkurrenz mit anderen enden ebenfalls.

Vollkommenheit ist etwas, das völlig frei von Fehlern ist. Aber der Punkt ist, dass wir mittels unserer Vereinbarung definieren, was als Fehler gilt. In der Welt gibt es keine Fehler. Sie existieren lediglich in den Vereinbarungen, die wir im Traum des Planeten treffen, und dieser ist eine Illusion. Somit ist alles im Leben perfekt.

Vergleich und Vorbilder

Als Kinder hatten wir alle Vorbilder oder bewunderten bestimmte Personen und wollten so sein wie sie. In vielen Fällen waren unsere ersten Vorbilder unsere Eltern oder unsere Hauptbezugspersonen. Es folgten unsere Geschwister, Lehrer, berühmte Sportler, Superhelden und sogar Freunde. Im Lauf der Zeit gehörten auch Künstler, Gelehrte, Philanthropen, politische Führer oder spirituelle Lehrer dazu. In allen Fällen sprachen wir diesen Menschen Eigenschaften zu, die wir selber haben wollten, und bemühten uns oft, sie nachzuahmen. Mit dieser wunderbaren Methode werden bewundernswerte Eigenschaften von einem Persönlichen Traum zum anderen weitergegeben.

Doch wie viele andere Dinge, über die wir in diesem Buch gesprochen haben, schlägt etwas, das auf positive Weise genutzt werden kann, zuweilen auch ins Negative um. So beginnen Sie vielleicht in diesem Fall damit, sich mit Ihrem Vorbild zu vergleichen und sein positives Beispiel als Werkzeug zu benutzen, sich zu rügen oder zu züchtigen, weil sie ihm nicht genug ähneln. Sie machen Ihre Selbstliebe von Bedingungen abhängig, die auf dem Wunsch gründen, jemand anderem zu gleichen.

Nehmen wir zum Beispiel an, eines Ihrer Vorbilder sei Mutter Teresa, die berühmte römisch-katholische Nonne des 20. Jahrhunderts, die mit 18 von Europa nach Indien auswanderte, eine Ordensgemeinschaft gründete und sich den Rest ihres Lebens den Armen und Kranken widmete. Es gibt viele Gründe, diese ungewöhnliche Frau zu bewundern und sie nachzuahmen – ihre bedingungslose Liebe, Toleranz, Nächstenliebe und Selbstlosigkeit, um nur einige Eigenschaften zu nennen. Doch ohne Bewusstheit könnten Sie auch beginnen, sich im Vergleich mit ihr als unzulänglich zu beurteilen und sich vorzuwerfen: »Ich kümmere mich nicht genug um andere Menschen«, oder: »Ich kann Mutter Teresa nicht das Wasser reichen.« In dem Augenblick, in dem Sie dies tun, haben Sie den ungesunden Prozess eingeleitet, sich mit ihr zu vergleichen, statt ihre wunderbaren Eigenschaften als Inspiration zu betrachten. Und Sie benutzen diesen Vergleich als Motiv, sich gegen sich selbst zu wenden. Somit ist der Parasit durch die Hintertür eingedrungen und hat sich wieder Ihres Geistes bemächtigt.

Denken Sie einen Moment lang über diese Absurdität nach. Das ist das Letzte, was sich Mutter Teresa oder ein sonstiges wahrhaft positives Vorbild von Ihnen wünschen würde. Wenn Sie sich dabei ertappen, wie Sie Ihr Leben mit dem eines Ihrer Vorbilder vergleichen und sich dann rügen, weil Sie ihm nicht ähneln, ist dies ein Zeichen für Sie, dass der Nebel sich wieder eingeschlichen und Ihren Blick getrübt hat. Statt sich mit anderen zu vergleichen und zum Schluss zu gelangen, dass Sie unzulänglich seien, sollten Sie das

Beispiel Ihrer Vorbilder als Motivation nutzen, die Eigenschaften, die Sie bei ihnen bewundern, in Ihrem eigenen Alltag zum Gedeihen zu bringen.

Ich selbst habe einen guten Freund, der kurz davor steht, sich für den Boston-Marathon zu qualifizieren, da er die 26,2 Meilen in 3,5 Stunden zurücklegen kann. Ich bewundere ihn als Läufer und großartigen Menschen, aber in dem Augenblick, in dem ich mich mit ihm und seinen Erfolgen vergleiche, domestiziere ich mich erneut mit den Erfolgen einer anderen Person und gebe mich dabei auf. Stattdessen feiere ich seinen Erfolg so, als wäre es meiner. Ich habe einen Marathon in 5 Stunden und 57 Minuten zurückgelegt und mich über die Tatsache gefreut, ihn beendet zu haben. Statt meine Zeit mit seiner zu vergleichen, blicke ich auf all das, was ich erreicht habe, und darauf, wie sehr ich es genossen habe. Das ermöglicht es mir, mich an meiner eigenen Geschicklichkeit zu erfreuen, es zu genießen, etwas zu tun, was ich gern tue, und meine Fertigkeiten entsprechend meiner Leidenschaft zu entwickeln. Ich werde von meinem Freund und vielen anderen Läufern lernen und unsere Kameradschaft genießen.

Eine weitere Fallgrube in Bezug auf Vorbilder besteht in der irrtümlichen Annahme, ein einziges Vorbild oder ein einziger Lehrer könne Ihnen all Ihre Antworten liefern. Eine Situation wie diese kann sich häufig auf einem spirituellen Weg ergeben, besonders, wenn Sie damit beginnen, zu erwachen und sich aus dem Rauch und Nebel zu lösen. Zugegeben, entsprechend dem Grad Ihrer früheren Domestizierung und Anhaftung mag es Ihnen so vorkommen, dass ein Vorbild oder Lehrer alle Antworten parat hat, da Sie ja gerade erst anfangen, Ihren eigenen Weg zu finden. Doch wenn die Knospe Ihres Erwachens erblüht, werden Sie bald erkennen, dass in Wirklichkeit *Sie selbst all Ihre Antworten haben* und dass alle Vorbilder oder Lehrer, mit denen Sie interagieren, nur da sind, um Ihnen den Weg zurück zu sich selbst zu zeigen.

Das bedeutet nicht, dass Sie nicht die Hilfe anderer suchen sollten, wenn der Weg holperig wird; wir brauchen alle von Zeit zu Zeit Hilfe. Aber der Unterschied besteht darin, dass Sie als Meister bzw. Meisterin des Selbst wissen: Auf der tiefsten Ebene ist alles, was Sie benötigen, bereits in Ihnen. Diese Erkenntnis – dass Fülle statt Mangel herrscht – ermöglicht es Ihnen, sich von den Talenten und Erfolgen anderer Personen inspirieren zu lassen.

Als ein Meister des Selbst bahnen Sie sich Ihren eigenen Weg, bewerkstelligen Ihre eigene Reise zu Ihrer eigenen inneren Entwicklung. Sie sind dankbar für die Lektionen Ihrer Vorbilder und Lehrer, und Sie sind inspiriert durch ihr Beispiel, aber Sie vergleichen sich nicht mit einem von ihnen; Sie wollen auch nicht wie eines Ihrer Vorbilder sein, da Sie mit der Person, die Sie sind, völlig zufrieden sind.

Letztlich begreifen Sie, dass Sie mit Ihrer Lebenserfahrung einmalig sind, da niemand außer Ihnen das Leben aus Ihrer Sichtweise kennt. Es ist befreiend, sich bewusst zu werden, dass Sie nur Ihren eigenen Willen kontrollieren, und dieses Wissen ermöglicht es Ihnen, alles zu genießen, was Sie erleben und tun. Die Harmonie und der Frieden, welche die toltekischen Krieger empfanden (siehe den einleitenden Absatz von Kapitel 1), stellen sich ein, wenn Sie erkennen, dass es nicht nötig ist, so hart zu arbeiten, um jemand zu sein, der Sie Ihrer Ansicht nach sein sollten, da Sie bereits vollkommen sind. Das *»Ich bin«* ist eine Lebenserfahrung, kein Symbol oder Modell, das Sie erreichen sollten. Somit ist der innere Krieg vorbei, immer wieder, immer wieder. Als ein Meister bzw. eine Meisterin des Selbst empfinden Sie Frieden.

Die folgenden Übungen werden Ihnen helfen, die Lektionen dieses Kapitels umzusetzen.

Mudita

Im Buddhismus gibt es einen Begriff, bekannt als *»Mudita«* oder mitfühlende Freude, was bedeutet, dass man sich über die Leistungen, Erfolge und das Glück anderer freut. Es kann leicht sein, diese Tugend zu kultivieren, solange diese anderen Personen Mitglieder Ihrer Familie oder enge Freunde sind, aber schwieriger, wenn Sie sich außerhalb Ihres inneren Kreises bewegen.

Stellen Sie sich für diese Übung eine Situation vor, in der jemand etwas erhielt, das Sie für sich selbst wollten. Vielleicht handelte es sich dabei um eine Beförderung im Job, eine Auszeichnung oder etwas Materielles. Wenn Sie sich die Situation und die Person vergegenwärtigt haben, wiederholen Sie die folgende Aussage dreimal laut:

> *»Ich bin dankbar, dass .... das Gute erhielt, das ich mir für mich gewünscht habe.«*

Wie hat es sich angefühlt, diese Worte laut auszusprechen? Wenn Sie wie die meisten Menschen sind, kann es schwierig sein, das Gesagte aufrichtig zu empfinden, besonders am Anfang. Doch bewusst die Praxis der Mudita in Ihr Leben einzubringen, kann Ihnen helfen, Neid und Eifersucht durch Wohlwollen und bedingungslose Liebe zu ersetzen. Das wird Ihnen helfen, über den Mythos der Knappheit hinauszusehen. Andere Menschen sind nicht Ihre Konkurrenten. Jeder bekommt jederzeit genau das, was er braucht, Sie selbst eingeschlossen.

Während Sie andere in den Traum des Planeten einbeziehen, sollten Sie sich Ihrer inneren Reaktionen bewusst werden, wenn jemand anderer etwas erhält, das Sie für sich selbst haben wollten. Beobachten Sie, ob Sie Eifersucht, Neid oder Angst empfinden, und nutzen Sie dies als Gelegenheit, Mudita zu praktizieren.

Vorbilder

• Schritt 1 •

Denken Sie an die vielen Vorbilder, die Sie in Ihrem Leben gehabt haben, und erstellen Sie eine Liste all der Eigenschaften, die Sie bei diesen Menschen gesehen und bewundert haben. Schreiben Sie nur die Eigenschaften auf ein Blatt Papier, nicht die Namen der Personen. Beispiele dafür könnten sein: Aufrichtigkeit, Großzügigkeit, Toleranz, Geschicklichkeit, Friedfertigkeit, Wahrnehmungsvermögen etc. Erstellen Sie die Liste, bevor Sie zu Schritt 2 übergehen.

• Schritt 2 •

Rufen Sie sich das Thema »Spiegelung« aus Kapitel 5 in Erinnerung. Hier ging es darum, dass jemand, der Ihnen unter die Haut geht, gewöhnlich eine Eigenschaft besitzt, die Sie an sich entdeckt haben, aber nicht mögen.

Nun, auch das Gegenteil ist der Fall. Schauen Sie die Liste der Eigenschaften Ihrer Vorbilder an. Setzen Sie jetzt Ihren Namen ganz oben auf die Liste. Sie besitzen all diese Eigenschaften – andernfalls wären Sie nicht fähig, sie bei anderen

Menschen zu entdecken. Vielleicht besitzen Sie nicht die Geschicklichkeit Ihres Vorbilds in bestimmten Bereichen, aber Sie haben die Fähigkeit und das Potenzial, sich Ihren eigenen Weg zu bahnen, wenn Sie sich entscheiden, darauf hinzuarbeiten.

• Schritt 3 •

Da Sie nun wissen, dass Sie bereits die Eigenschaften besitzen, die Sie bei anderen bewundern: Welche Eigenschaften bewundern dann Ihrer Meinung nach die anderen bei Ihnen? Wie nehmen andere Sie wahr? Stimmen die Eigenschaften, die sie bewundern, mit der Liste überein, die Sie erstellt haben, oder handelt es sich um andere Eigenschaften?

Lassen Sie sich von Ihrer Inspiration leiten.

Mein Wunsch für Sie

In diesem Buch haben Sie verschiedene Möglichkeiten kennengelernt, um Ihre Domestizierung und Ihre Anhaftungen zu identifizieren und loszulassen. Sie haben erfahren, wie Sie dadurch das negative innere Selbstgespräch, das in Ihrem Persönlichen Traum für Leid sorgt, zum Schweigen bringen und durch bedingungslose Liebe und Selbstakzeptanz ersetzen können. Wenn Sie diesen Geist-Spirit der bedingungslosen Liebe in Ihre Interaktionen mit anderen im Traum des Planeten einbringen, sehen Sie sie mit dem Blick des Mitgefühls und respektieren ihre Entscheidungen, selbst wenn sie sich von den Ihren unterscheiden. Durch die Kraft der Vergebung sind Sie fähig, den von anderen verursachten Schaden zu überwinden und zu erkennen, dass diese Leute damals ihr Bestes getan haben. Auf diese Weise tragen Sie Ihren Teil dazu bei, im Traum des Planeten Harmonie zu schaffen.

Sie haben auch etwas über die Macht der Masken gelernt, die Kunst der Gestaltveränderung und darüber, wie Sie sich zugunsten von anderen verwandeln können, solange dies nicht Ihre persönliche Wahrheit beeinträchtigt.

Sie können sich Ziele setzen, die mit dem vereinbar sind, was Sie wirklich wollen, und Sie lieben sich während des gesamten Prozesses der Zielerreichung. Letztlich wissen Sie, dass Sie bereits perfekt und vollständig sind und in jedem Moment das erhalten werden, was Sie benötigen. Während Sie dankbar für die Lektionen sind, die Sie von anderen gelernt haben, besitzen Sie jetzt das Zutrauen, Ihren eigenen Weg zu gehen, weil Sie wissen, dass alles, was Sie benötigen, bereits in Ihnen ist.

Da Sie das Leid erkennen, das Domestizierung und Anhaftungen bei Ihnen und bei anderen bewirken, versuchen Sie nicht länger, Ihre Mitmenschen mit Ärger, Schuldgefühlen oder Traurigkeit zu kontrollieren, um sie zu zwingen, so zu denken oder zu handeln, wie sie es Ihrer Meinung nach tun sollten. Sie respektieren die Fähigkeit eines jeden Einzelnen, seine eigenen Entscheidungen zu treffen, was bedeutet, dass Sie ihnen keine Maske überstülpen, die der Vorstellung entspricht, die Sie von ihnen haben. Da Sie sich selbst so akzeptieren, wie Sie sind, sind Sie jetzt fähig, auch jede andere Person so zu akzeptieren, wie sie ist.

Dies ist ein Traum, den wir kokreieren. Wir lernen voneinander und respektieren die individuelle Perspektive jedes Einzelnen. Niemand ist wichtiger als irgendjemand anderes. Wenn Sie auf der Basis gegenseitigen Respekts für alle Wesen handeln, entsteht die beste aller Welten.

In jenen seltenen Augenblicken, in denen Sie schlittern und in einer Fallgrube landen, sind Sie als Meister bzw. Meisterin des Selbst in der Lage, Ihr Bewusstsein wiederzuerlangen und sich schnell zu erholen. Statt alles nur noch zu verschlimmern, indem Sie um sich schlagen, sich defensiv verhalten oder sonst irgendwie ins Chaos geraten und sich dem Drama der Party anschließen, verfügen Sie jetzt über die Tools, um wieder Halt unter den Füßen zu gewinnen. Durch die Kraft des Bewusstseins und ermutigt durch bedingungslose Selbstliebe, wissen Sie, dass Sie jeden Augenblick Ihr Bestes tun. Sie brauchen nicht länger Ihr Umfeld zu verzerren, damit es Ihrer Wahrnehmung entspricht. Sie wissen, wer Sie sind, und können infolgedessen voller Zutrauen und ohne Rechtfertigung handeln und reden. Somit wird Ihre Welt tadellos. Da Sie andere bewusst mit bedingungsloser Liebe einbinden, sind Sie zuversichtlich, dass jede Ihrer

Handlungen im jeweiligen Augenblick perfekt ist. All diese Möglichkeiten haben Ihnen gezeigt, wie man ein Meister des Selbst wird.

Vergebung für den Traum des Planeten

Wenn wir an Vergebung denken, dann fast immer in Bezug auf Menschen, die wir kennen oder die uns persönlich berührt haben. Doch es gibt eine weitere Art von Vergebung, die oft übersehen wird: die Vergebung für das Leid, das im Traum des Planeten vorkommt.

Um diese Art von Leid besser zu verstehen, wollen wir uns näher mit den beiden Komponenten beschäftigen, die den Traum des Planeten ausmachen. Erstens gibt es die physische Welt der Materie, mit ihren Meeren, Kontinenten, Winden und wechselnden Klimata, wo durch jede Handlung eine Veränderung erfolgt. Dies ist der phänomenale Bereich oder die Welt, die gesehen und gefühlt werden kann. Zweitens gibt es die Welt menschlicher Vereinbarungen, die der materiellen Welt ihre Bedeutung verleihen. Es ist die Welt, die in unserer Vorstellung entsteht und auf unseren Wahrnehmungen beruht. Die Welt der Vereinbarungen ist unsichtbar, obgleich die Manifestationen dieser Vereinbarungen in der physischen Welt erscheinen. Während sich die physische Welt von selbst zu bewegen scheint, erfordert die Welt menschlicher Vereinbarungen per definitionem unsere Teilnahme. Lassen Sie uns zwei wichtige Ereignisse betrachten, um den Unterschied herauszustellen.

Das erste Ereignis geschah am 26. Dezember 2004, als ein Tsunami am Indischen Ozean innerhalb kurzer Zeit Tausende von Menschen tötete. Es war ein tragischer Verlust von Leben, wird aber als etwas gesehen, das durch ein Erdbeben hervorgerufen wurde, ohne jegliche menschliche Vereinbarung. Auch wenn das Ergebnis erschütternd ist, kann niemandem wegen eines solchen Ereignisses die »Schuld« gegeben werden.

Vergleichen wir dieses Ereignis mit einem anderen, das sich drei Jahre zuvor, am 11. September 2001, in den USA zutrug. Es führte ebenfalls zu dem katastrophalen Verlust von Menschenleben, aber die Ursache war eine dramatisch andere, da in diesem Fall der Impetus eine menschliche Vereinbarung war. Tragischerweise verloren viele Menschen ihr Leben, weil eine Gruppe von Menschen die Meinung vertrat, die Welt gewaltsam ihren Wertvorstellungen unterwerfen zu müssen. Bei dieser Art von Tragödie ist den Tätern »Schuld« zuzuschreiben.

Es ist völlig verständlich, dass man über derartige Ereignisse traurig und wütend ist. Einige von Ihnen, die dies lesen, waren vielleicht sogar persönlich von einem oder sogar beiden dieser Ereignisse betroffen. Wenn uns die Traurigkeit überwältigt, verlieren wir im Traum unsere Perspektive, und schwächender Kummer, Depressionen und im zweiten Beispiel der Wunsch nach Rache können sich einstellen. In jedem der beiden Fälle kann die Traurigkeit bei uns eine negative Haltung gegenüber der Welt auslösen, sodass wir sagen oder denken: »Es hat keinen Sinn, zu versuchen, die Welt zu verbessern«, oder: »Die Welt ist ein schrecklicher Ort.«

Wenn Sie diesen Weg einschlagen, ist der Nebel wieder hereingedrungen, da Sie jetzt in Ihrer Vorstellung leben, voller

Angst und Verzweiflung, und der Traum des Planeten zum Albtraum geworden ist. Sie nehmen die Ereignisse der Welt persönlich und lassen sich und Ihr Denken davon definieren. Sie haben vergessen, dass sich während dieser Tragödien viele Menschen erhoben haben, um den Opfern und den Überlebenden zu helfen. Gemeinschaften fanden zusammen, um einander zu heilen.

Auch wenn es völlig normal ist, dass beide Tragödien Trauer hervorgerufen haben, kommt eine Zeit, in der wir den Verlust überwinden und uns entscheiden, der Welt diese Ereignisse zu vergeben. Das tun Sie, weil das Festhalten an den durch diese Ereignisse hervorgerufenen negativen Gefühlen Sie davon abhält, sich weiterzuentwickeln. Das bedeutet nicht, dass Sie die Ereignisse vergessen haben. Sie wollen nur nicht, dass derartige Ereignisse Ihre Wahrnehmung trüben und Sie im Nebel festhalten, unfähig, die Schönheit um Sie herum zu sehen, und Sie davon abhalten, den Traum zu kokreieren.

Außerdem versteht ein Meister des Selbst, dass jene, die Gewaltakte verüben (einschließlich Gangmitglieder, Terroristen, Missbrauchstäter, Manipulatoren und andere), die am stärksten domestizierten Personen im Traum des Planeten sind, da sie ihre Fähigkeit eingebüßt haben, die Menschlichkeit eines anderen Lebewesens zu erkennen. Sie sind bei der Party bis zur Bewusstlosigkeit betrunken, geblendet durch ihr Glaubenssystem. Sie werden dermaßen von ihren Überzeugungen kontrolliert, dass sie nicht länger die Menschlichkeit ihrer Brüder und Schwestern erkennen können.

Um es klar herauszustellen: Vergebung bedeutet nicht Apathie. Vergebung bedeutet in diesem Kontext, dass Sie Folgendes begreifen: Um einen harmonischen Traum des Planeten zu kreieren, sind Sie ausschließlich für sich selbst verantwortlich. Sie entscheiden sich, die Wut und die Kränkung loszulassen, um Frieden in Ihren Persönlichen Traum einzubringen. Auf diese Weise helfen Sie tatsächlich dem Traum des Planeten, sodass eines Tages Tragödien, die infolge menschlicher Gewalt entstehen, nur noch in Geschichtsbüchern zu finden sind.

Für einen Meister bzw. eine Meisterin des Selbst geht Frieden Hand in Hand mit Vergebung, indem Sie jegliches Gift, an dem Sie festhalten, loslassen. Falls Sie jedoch zulassen, dass dieses Gift Sie erstickt, werden Sie zu einem Teil des Zyklus, der das Leid in diese Welt gebracht hat. Wenn Sie dem Traum des Planeten die Dunkelheit vergeben, dann vergeben Sie jeglicher Dunkelheit in unserem Inneren.

Selbst wenn sich andere entscheiden, den Traum des Planeten durch die Schaffung eines Albtraums zu erzeugen, wissen Sie, wie Sie den Albtraum in Ihrem Inneren beenden können.

Sooft Sie beschließen, zu vergeben, heilen Sie die infizierte Wunde, die Sie veranlasst, sich voller Angst niederzukauern und sich hinter der Wut zu verstecken. Indem Sie sich entscheiden, aus Liebe statt aus Angst heraus zu handeln, wird der gegenwärtige Augenblick immer mit Harmonie erfüllt, ungeachtet dessen, was im Traum vor sich geht.

Vergebung ist ein Akt der Liebe. Und so sage ich mir in Zeiten globaler Schwierigkeiten:

Ich entscheide mich, zu vergeben;
ich entscheide mich, mich zu engagieren;
ich entscheide mich, zu handeln;

ich entscheide mich, meine Stimme zum Heilen zu benutzen;
und ich entscheide mich, die Kraft meiner Intention durch
bedingungslose Liebe zum Ausdruck zu bringen.
Ich bin ein Kokreator des Traums des Planeten,
und ich entscheide mich,
den Zyklus bedingter Liebe zu beenden.

Ich tue dies, und ich lasse zu, dass sich Frieden in mir ausbreitet. Das ist Selbst-Meisterung in Aktion.

Und genau das wünsche und hoffe ich für Sie.

Dank

Als Erstes möchte ich die Menschen ehren, die mir bedingungslose Liebe beigebracht haben: meine Mutter Maria »Coco« Ruiz, mein Vater Don Miguel Ruiz, meine Mama Gaya Jenkins, meine Großeltern Abuelita Sarita, Abuelita Leonarda und Abuelito Luis, meine Geschwister José Luis, Leonardo, RK, Kimberly-Jean, Jennifer und Jules; meine Kinder Audrey und Alejandro und meine Frau Susan (Lovie). Ich liebe euch von ganzem Herzen.

Danken möchte ich Randy Davila, meinem Verleger, Herausgeber und Autorenbruder. Ich danke dir, dass du mir erneut die Gelegenheit gegeben hast, die toltekische Tradition meiner Familie in diesen Büchern zu vermitteln, und dass du meine Hierophanten-Familie darin unterstützt, die Liebe und das Wissen zu verbreiten, die es uns ermöglichen, von den Wunden bedingter Liebe zu heilen. Carnal, tausend Dank für alles, es ist ein Vergnügen, mit dir zusammenzuarbeiten. Ich liebe dich!

Mein ewiger Dank gilt Kristie Macris, die mir dabei half, meine Reise in die Welt der Autoren anzutreten, indem sie mir sowohl bei meinem ersten als auch bei diesem Buch unter die Arme griff. Du bist meine erste Lehrerin bei diesem wunderbaren Handwerk, hast mir geholfen, meine eigene Stimme zu finden; du bist meine Partnerin und geliebte Freundin, du bist fähig, zu vermitteln, was ich sage, weil du mich so gut kennst. Uns verbinden 22 Jahre Freundschaft, und es werden noch viele weitere Jahre kommen. Te amo!

Danken möchte ich auch meiner liebsten Freundin und Lehrerkollegin HeatherAsh Amara. (High five!) Seit wir anfingen, gemeinsam zu lehren und davon zu träumen, eines Tages Bücher zu schreiben und zusammenzuarbeiten, um unsere Kunst zu kreieren, haben wir einen langen Weg zurückgelegt. Hier sind wir also! :-) Lass uns Spaß haben! Ich liebe dich!

Muchas gracias a Dios, con todo mi Amor.

Así sea, así se haga, y así se hará.

Über den Autor

Don Miguel Ruiz Jr. ist ein Nagual, ein toltekischer Meister der Transformation. Er ist ein direkter Nachfahre der Eagle-Knight-Linie und der Sohn von Don Miguel Ruiz. Er kombiniert die Weisheit seiner Familientradition mit dem Wissen, das er sich auf seiner eigenen Reise erworben hat, und hilft anderen dabei, ihren eigenen Weg zur persönlichen Freiheit zu erkennen.

Er ist der Autor von *»Fünf Stufen in die Freiheit«* und *»Living a Life of Awareness: Daily Meditations on the Toltec Path«*.